井上円了と柳田国男の妖怪学

東洋大学教授
三浦節夫
miura setsuo

教育評論社

まえがき

昨今の妖怪ブームをさかのぼって調べてみると、明治時代にも妖怪ブームがあったことがわかる。

明治の妖怪ブームの主役は井上円了《いのうええんりょう》である。円了は「妖怪学」という学問を日本人ではじめて創った人物である。二千ページを超える『妖怪学講義』をはじめとして、多くの妖怪関係の本を出版した。それとともに、各地を巡回して講演し（その数は全国の市町村の半数を超える）、妖怪をテーマとした講演もした。

当時の民衆はこのような円了をどのように迎えたのだろうか。『福岡日日新聞』はこう伝えている。

妖怪学の研究者として知られたる〔円了〕博士は、しばしば「化物先生」の名をもって呼ばれておる。一昨日のころ宮崎県下遊説中、ある田舎で演説会を開くというので、来会者の遠近から集り来るもの数千人、田舎においてはほとんど開闢《かいびゃく》以来の大盛況であった。「修身教会の伝説演説にかくも熱心に集るとは天いまだわが道を亡ぼさざるか」など、博士はすこぶる得意でおると、なにがさて、「東京から名高けァ化物の先生がお出でだというから、どんな顔して、どんな着物を着てござるか、その化物の先生を見に行くべェや」と、見世物でも見に行くような気で、演説見物にきたのであった。

このように円了は著作と講演で、「妖怪とはなにか」、そして「この世の不思議な現象は本当に存在するのか」を改めて問い直し、民衆にいたるまで知られた人物で、一般的には「妖怪博士」「お化け博士」と愛称されていた。

円了は幕末に生まれ、大正に死亡した。明治時代を代表する一人として、哲学館の創立、哲学の普及、世界旅行と全国巡回講演、哲学堂の創設など、仏教の近代化の先駆者、妖怪学の提唱者として多岐にわたる業績を残した。しかし、それらの業績の割には、現代ではあまり知られていない。妖怪関係の本には必ずのっているが、一言二言触れられる程度である。

哲学館
現在の東洋大学。

その原因の一つは、円了の全体像に関する研究が最近まで行なわれなかったからであろう。

私たち東洋大学の関係者が円了の研究を本格的・客観的にはじめたのは、いまからおよそ三十五年前の、昭和五十三年（一九七八）からであった。関係する分野の先行研究が部分的にはあったが、円了に関する資料や情報は白紙の状態に近かった。円了の著者の整理、関係資料の収集、現地調査などが十年間にわたり行なわれ、最後の数年間は各研究者の成果を総合して、「井上円了とはどういう人物か」という根本的な総合討議が取り組まれた。とくに「井上円了の教育理念」については議論が重ねられた。

そして、昭和六十二年（一九八七）の東洋大学創立百周年に合わせて、新たな円了像を書き下ろすことになった。

ところが、事情があって急遽、私がその執筆者に指名された。私は大学院を終えたばかりの浅学であったが、執筆を引き受けざるを得なかった。記念式典で配布するためには、数ヶ月で書き上げなければならなかったからだ。

それから改めて円了関係の資料をみたが、そのときの私には「井上円了とはどういう人物なのか」ということが全くわからなかった。「井上円了」「創立した哲学館」などについてまとめて考える日々が続いた。いつまでも私が迷っていると、執筆をはじめさせるために合宿で缶詰状態にされたが、それでも一行も書けなかった。

合宿の最後の日も、逃げるように散歩に出た。しかし、そのときに「これだ！」というひらめきがあって、四百字二枚分ほどの書き出しの文章をまとめることができた。

こうして執筆ははじまった。円了の創立した哲学館の歴史と論理、つまり事実と思想を書き継ぎ、その中で自然に円了という人物を考えていったのであるが、書いているうちにみえてきた。

「思索力と行動力をそなえた近代的合理主義者」、これが最初にいたった人物像である。

これが、円了と私の出会いでもあった。

その後、円了の主な著作を現代表記にした『井上円了選集』の編集を担当したが、「思索力と行動力をそなえた近代的合理主義者」という自分の円了理解が不十分ではないかと思うようになった。円了の多岐にわたる業績を一貫している思想的なよりどころがわからなかったのだ。円了を語るには、全体を貫く思想をとらえる必要があった。

私が円了研究をはじめてから二十年が過ぎようとしていたある日、円了が三十歳前後に到達した「護国愛理」の思想を理解することが、全体像の解明につながるのではないかと思うようになった。

私はすでに一度、「護国愛理」が著作の中で、あるいは実践の中で、どう位置付けられていたのか、その足跡をまとめたことがあった。「護国」という言葉は、円了死去後に戦前の超国家主義と同義に位置付けられていたという歴史があり、否定的な意味にとらえられてきた。

しかし、明治時代には普通の国家思想にすぎなかったのではないかと考え直し、その思想に、「真理を愛する」という「愛理」を合わせたのは、円了独特の思想であると思いいたった。「愛理」の観点から業績をみていくと、そこに一貫したものがみえてくるようになってきた。

哲学という移入されてきた西洋思想を基準（愛理）に、円了は国家・社会の発展（護国）を考えていた。哲学の普及・伝道は円了の生涯の目的の一つであるが、「妖怪学」はここから生まれてきたもので、「護国愛理」の思想の具体的実践でもあった。

不思議なものと不思議でないもの、これは円了は追求し続けて、ついには「妖怪」の「学」に体系化するまで進んだ。

円了がどのような歩みから「妖怪学」に到達したのか、そのことはこれまで明らかにされてこなかった。本書では、円了の生涯と「妖怪学」の誕生・普及についてまとめた。

さらに、日本民俗学の創始者・柳田国男を取り上げ、その半生と民俗学の立場からの「妖怪」、それに付随した円了との違いなどをまとめた。

そして最後には、昨今の日本人と妖怪ブームについて、私なりの分析を付け加えた。

井上円了と柳田国男の妖怪学　目次

装幀＝蟹江征治

第一章

妖怪博士——井上円了

妖怪博士の生涯

ABCを学んで仏教を疑う

井上円了は幕末の安政五年（一八五八）に生まれた。明治維新の十年前のことである。誕生の地は越後国長岡藩西組の浦村。生家は二百年の歴史をもつ慈光寺という東本願寺の末寺で、その長男として誕生した。

当時、東本願寺は「一万ヶ寺、百万門徒」といわれるほどの日本を代表する大教団で、慈光寺はその教団の末寺の一つであった。

慈光寺の歴史の長さと規模の大きさをみると、教団の中でも平均的な寺院であり、伝統にしたがって、長男の円了は、候補衆徒として、幼いころから住職に従って宗門の教育を受けて育った。

しかし、明治維新の年（一八六八）、転機がもたらされた。この年の春から十歳の円了は隣村の塾で学びはじめたのだ。

西組の浦村
現在の新潟県長岡市浦。

東本願寺
京都府京都市下京区にある真宗大谷派の本山。正式名称は、「真宗本廟」。

候補衆徒
寺の後継者。

塾の先生は石黒忠悳《いしぐろただのり》で、武士であったが、一念発起して江戸で蘭方医となった二十三歳の若くて情熱的な青年であった。円了が学んだのは、漢学と洋算の初歩である。しかし、円了を魅了したものは、石黒が江戸で身につけた「洋風」であった。

石黒は洋風を好み、机をもって椅子とテーブルに代用し、試験の成績優者には賞与として西洋紙一枚を授けたが、その西洋紙の恩典は恩賜の銀時計よりも嬉しかったと円了は語っている。石黒の塾には、なによりも伝統を重んじる寺院生活と異なる「洋風なもの」があり、また二十三歳の教師と十歳の生徒には互いに心を通い合わせるものがあった。後年、陸軍軍医総監となった石黒は自伝の中で、当時の円了の姿をとくに印象深いものとして取り上げてこう語っている。

石黒忠悳（東洋大学井上円了記念学術センター）

> ある朝大雪で、通学して来る者もなかったのですが、戸外にとんとん履物の雪を落とす音

石黒忠悳 明治時代の医師。岩代国（福島県）伊達郡生まれ。のちに日本赤十字社の社長。文久元年（一八六一）十七歳で越後国片貝村池津（現在の小千谷市）に私塾を開き、のち江戸に出て慶応元年～四年に江戸医学所で学ぶ。卒業後、医学所句読師となり、明治維新に際して一時帰国、そのときに円了は石黒塾に入る。円了を最後まで援助した大恩人であった。

がしました。妻は、あれは、きっと襲常《ともつね》〔円了〕です、と言って戸を開けると、果して井上襲常でした。また、襲常が鼻緒の切れた下駄を手に提げて来たことがありましたので、妻が、なぜ鼻緒を立て直してはいて来なかったか、と問いますと、そんなことをしていると、時間が遅くなって、先生の講義を聞きのがすといけないから急いで裸足でやってきました、といいました。実に井上は子供のときから学問に熱心で、心がけがほかと異なっておりました。

（『懐旧九十年』より口語訳）

この円了の一徹な精神と常識を超えた行動力は、人生を通して発揮される彼の個性であった。円了にとっての明治維新とは、長岡藩における戊辰戦争の体験や佐渡に起きた廃仏毀釈《はいぶつきしゃく》の事件よりも、石黒から「洋風」という新しい文化・思想を学んだことであろう。塾は石黒が上京したので一年間で終った。

その後、円了は四年間にわたり藩の儒者である木村鈍叟《きむらどんそう》から漢学を学んだ。戊辰戦争で藩校が焼失した木村は、円了の住む浦村に移り、慈光寺を塾として近隣の少年たちに漢学を教授した。円了が「慈光黌《こう》」と呼んだこの塾

佐渡に起きた廃仏毀釈
明治維新の直後、判事奥平謙甫により寺院廃合を命じられ、合わせて仏像仏具の焼却、佛教活動の制限など厳しい運動が起きた。

木村鈍叟
木村誠一郎。生没年不明。長岡藩校の崇徳館で都講（現在の校長）を勤め、朱子学を教えた。

で、藩校レベルの高い漢学教育を受けることができた。円了たちは、午前の漢学が終ると、午後は英語の初歩も学習した。

このような漢学教育を終えてから、円了は洋学（英学）に転じた。明治六年（一八七三）、高山楽群社という私塾で、英語の基礎を数ヶ月間学んだ。その喜びを漢詩にこう詠んでいる。

一笠一蓑一布衣　負書朝暮共往帰
人言終日成何事　我立講堂唄恵微

菅笠《すげかさ》と蓑《みの》、粗末な着物を身にまとい、書物を背負って朝夕通う私を見て、人々は問う、一日中一体何をしているのかと、私は応じる、講堂に立って恵微を唱えているのだと。

（『甫水井上円了漢詩集』）

ここでいう「恵微」とはＡＢ、つまりアルファベットのことである。

浦村は信濃川の河川交通の要衝で三百戸という大村であったので、そこの寺の後継者である円了の行動が人々の関心を呼んでいたが、寺の息子が英語を学んでいるといっても理解されなかっただろう。すでに十五歳になった円

高山楽群社　信濃川を挟んで浦の対岸、高山（現在の長岡市高山町）にあった私塾。

了は住職の後継者であり、真宗や仏教の教学を学びはじめる時期でもあった。しかし、慈光寺の両親は円了の希望と時代の流れを考えたのか、円了が洋学を学ぶことを許している。

円了は漢学を学んでいたときから、福沢諭吉《ふくざわゆきち》などの新時代の啓蒙書をさかんに読んでいる。こうした書物から受けた影響を、円了はこう詠んでいる。

坐臥書斎春日永　巻舒学問勧之文
説明人間同等事　貴賤賢愚在惰勤

書斎に座っていると春の日が長く感じられる。今読んでいる書は『学問のすゝめ』である。人間は皆平等の存在であり、貴賤賢愚の差は学問に励むか怠けるかにあると説いている。（『甫水井上円了漢詩集』）

このように「人間は皆平等の存在である」という文明開化の理念を強く意識した青年として成長している。

このころ、長岡には長岡洋学校が設立されていた。戊辰戦争で荒廃した旧藩を立て直すには、まず人材の養成が急務であり、それも新時代を見据えた

福沢諭吉　明治期の思想家。慶応義塾の創立者。代表作に『西洋事情』『学問のすすめ』『文明論之概略』『福翁自伝』など。

ものからという考え方から、洋学校がつくられたのである。しかし、洋学校は士族の子弟を教育する学校であったため、平民の円了が入学したのは、十六歳になった明治七年（一八七四）五月のことであった。その年は入学生が少なくて規制が見直されたからである。このとき、新潟県の教育方針にも変更があって、長岡洋学校の校名は新潟学校第一分校となっていた。

洋学校に入学した喜びを円了はこう詠んでいる。

独到長岡市　始遊洋学黌
講堂終日坐　頻誦恵微声

独りで長岡の町にやってきた、始めて長岡洋学校の門をくぐった。講堂に一日中座って、頻りに恵微声を誦していた。　（『甫水井上円了漢詩集』）

恵微声はＡＢＣであり、一日中というところに円了の喜びの大きさが表れている。

洋学校の授業は午前中のみで、英語で世界の歴史や地理を学び、数学も本格的に習った。三ヶ月が過ぎたころの漢詩によれば、英語の学習は進歩しな

新潟学校第一分校　現在の新潟県立長岡高等学校。明治五年、三島億二郎の尽力により、長岡洋学校として創設。半年後に柏崎県が廃止され、新潟県に合併された。その際、県内の諸学校を統一する方針が打ち出され、長岡洋学校は新潟学校第一分校と改称した。

いと嘆いている。寺を離れて寄宿舎に住んだ円了は、当時の長岡をこう詠んでいる。

越後長岡開化地　文明日盛月繁華
蔵王港口汽船□　渡町市街人力嘩

越後長岡は文明開化の地だ、文明は日々盛んに起こり月々に繁華になっている。蔵王港は汽船が出入り（以下不明）、渡里町の渡し場は市街地に行き交う人力車で栄えている。

（『甫水井上円了漢詩集』）

すでに明治七年（一八七四）になって、日本の地方まで文明開化が浸透してきていることを物語っている。洋学校での二年間にわたる洋学と数学の教育や多岐にわたる読書の結果、円了は一つの思想に到達する。そのことをこう詠んでいる。

勤智怠愚何異倫　万民同等得権均
休言古昔多英傑　彼亦是人我亦人

蔵王港
長岡藩蔵王にあった信濃川に面した港。古くから交易が盛んで、物資と人が集った。

渡里町
長岡藩渡里町にあった船着場。小千谷～長岡間の和舟の渡し場として栄えた。

勤め励む者と怠けている者と両方同じ人間だ。万民は同等であり、等しく権利を持っている。昔は偉人が多かったなどと言うのはやめな、彼ら偉人も人間、私もまた同じ人間なのだから。

（『甫水井上円了漢詩集』）

このように十八歳のとき、円了は自由民権や文明開化のことを漢詩に詠んでいる。円了は明治初期の思想に関心をもつ一方で、自分の思想が仏教の真理にあらざることをひそかに感じ、早くその門を去って世間に出ることを渇望していたという。

洋学校で二年間学び、卒業後は成績優秀により漢学と数学の助教を勤めていた。そのとき、仲間と「和同会」という組織をつくり、演説の稽古をしたというから、国家・社会・人間などを考える自分なりの思想を求める青年に成長していたのであろう。

妖怪談を好み、疑うのをさらに好む少年

新しい教育を受ける一方で、「余、幼にして妖怪を聞くことを好み」と、

和同会
円了の卒業後、一端中断されたが、その後再興される。現在も長岡高等学校の生徒会として名を残している。

円了は幼いころから妖怪談を聞くことを楽しみにしていた少年だった。

また、妖怪談のほかに、年齢相応の体験もしている。円了は「障子の幽霊」で、こう語っている。

余の十歳前後のころと記憶しておる。ある夜眠りに就き、夜半すぎにフト目がさめたが、灯は消えて真っ暗である。そのとき枕をつけたまま眺むるに、隣室の障子の戸骨《ほね》の間より、なにものか室内をのぞき込んでいる顔が見ゆる。いかにも不審にたえずして、起き直して見れども、やはり同様である。しかるに、少時の間にその顔を引っ込まして見えなくなるかと思うと、すぐにまたのぞき込む。そのときの考えでは世のいわゆる幽霊であろうと思い、急に怖くなり、続けて見ることもいやになり、布団を頭からかぶり、縮み上がって寝ていた。

（『おばけの正体』）

しかし、つぎの朝起きて早速調べてみると、障子の戸骨の間に破れたところがあり、その切れ口が風のために動いて、人がのぞき込んでいるようにみえたのであろうとわかった。

もう一つの恐怖体験はやはり幽霊に関することで、「幽霊の足音」と題してこう述べている。

年齢十五、六歳のころ、ある寺の座敷に寝たが、深夜になって目がさめ、四隣寂寥《せきりょう》として草木も眠れるほどのうちに、本堂の方に当たりて、人の板敷きの場所を歩く音がハッキリ聞こえておる。その音はガタンガタンという響きだ。最初は盗賊が入り来たったかのかと思ったけれども、盗賊ならばあのような足音を高くして歩くはずはない。その音が近くなるかと思えばまた遠くなり、いつまでもやまぬ。そこで、これは幽霊の寺参りであろうかとの想像を浮かべた。かつて檀家の者が死ぬときに、その亡者が寺へ参ると聞いていたが、これこそ亡者に相違ないと思った。

(『おばけの正体』)

翌朝に早々起きて本堂に行なったところ、別室があって、そこにボンボン時計があり、この時計の音が正体であろうとわかった。

円了も普通の少年と変わらない恐怖体験をもっていたのである。

円了が妖怪話を好んだのは、その生育環境が影響しているだろう。生誕の地である「越後」は雪国で、『北越奇談《ほくえつきだん》』『北越雪譜《ほくえつせっぷ》』などで知られる奇事・怪異・怪談が多かった。また、寺院は人間の生死に関わる場所であり、とくに死後の世界が話題になりやすい環境であり、妖怪に関心を示しやすい条件があったと考えられる。

もう一つ考えられるのは、円了の性格であろう。円了は自伝を残さなかったが、著書の中に自伝的文章があり、その中で幼少からの自分の性格をこう記している。

〔余〕その旧里に在るや同郷の児童と共に遊ばず。……世人は事物の外形を見て、その形裏に胚胎する真理のいかんを問わず。余はただその理を思うて外形のいかんを顧みず。これが余が人とその感を異にするゆえんなり、これ余が衆とその楽を同じうすることあたわざるゆえんなり。

（『仏教活論序論』）

このように、円了は幼くして心ひそかに怪しむという「理を思う」ことが

『北越奇談』
文化九年に刊行された橘崑崙による書。北陸地方の怪異談が話しの中心で、大部分の挿絵は葛飾北斎が手掛けた。

『北越雪譜』
天保八年に刊行された鈴木牧之による書。雪国の風俗・暮らし・方言・産業・奇譚まで雪国の諸相を資料性豊かに記されている。

死後の世界
お化けや幽霊などを含む俗信や習俗。

多く、この点が他人と異なっていたという。妖怪談を好んだのも、「理を思う」という筋を立てて考える謎解きの心を育てるうえで、大きな役割を果たしたのではないだろうか。

東京大学時代

さて、長岡の学校で助教として新生活を始めていた円了のところへ大きな転機がやってきたのは明治十年（一八七七）七月のことである。長岡の円了へ、京都の東本願寺から「至急上洛せよ」との命令があった。十三歳で得度していた円了は、すぐに京都へ向かった。

当時の東本願寺の教団は、明治新政府の宗教政策の転換、開国にともなうキリスト教の布教など、新しい時代への対応に迫られていた。そのため、新しい教学体制作りを急いでいた。各地に教校を設立して僧侶の教育を行なおうとその教員の養成に着手して、全国の一万の寺から優秀な数十名の人材を本山の教師教校と育英教校で育成していた。

円了は新設された教師教校の英学部に選抜された五名のうちの一人であっ

た。この学校では真宗とともに洋学も教えていたが、洋学は円了がすでに長岡で授業を受けた内容が多かった。

およそ半年後、英才と見込んだ東本願寺は、円了に対して東京留学を命じた。東京には前年の明治十年（一八七七）に、西洋諸学を移入するために日本初の大学、東京大学が創立されていたからである。

しかし、入学試験で円了は苦労した。東京大学予備門は掲示文書まで英語で行なうという徹底した洋語の学校であった。

当時の日本の英語教育ははじまったばかりで、全国で標準化されたものではなかった。だから円了が習った英語は「night」を「ニグフト」と読む変則流であった。そのため、英語の点数が低くかったが、数学がほぼ満点だったので平均して合格し、明治十一年（一八七八）九月に予備門の第一期生となることができた。

予備門は一年生が百人以上いたが、学年末の試験で二割ほどが落第する厳しい環境で、最後の四年生に残るのは五十〜七十名という狭き門であったが、円了は首席を競うほどの成績であったという。

こうして明治十四年（一八八一）に文学部に進学した。法学、文学、医学、

予備門
大学の予備教育機関。修業期間は四年間で、法理文三学部への進学者はこの予備門での課程履修が義務付けられた。

理学の四学部の総入学生は四十八名で、文学部哲学科の入学生は円了ただ一人であった。

当時の東京大学は、お雇い外国人教師が英語などの原語で授業を行なう時代で、西洋の近代的知識がそのまま教授されていた。哲学科の円了は、西洋哲学として純正哲学、論理学、倫理学、心理学を中心に学び、また、東洋哲学として儒教、仏教も学び、そのほかに英文学や社会学などを学んでいる。こうして、円了は予備門および学部で、哲学を中心に西洋の諸学の教育を受けたのである。

学生時代の円了について、同級生はこう語っている。

学生団体の幹事として切り盛りし、運動会や演説会の企画では驚くようなものを考えたり、社交的な性格があった反面、大の読書家で、図書館などでいつもその姿を見たり、騒がしい寄宿舎の部屋でも独り沈黙を守って読書に耽ることができる稀な集中力の人であった。

（『井上円了先生』より口語訳）

大学時代の円了が使用したノートは、いまでも東洋大学に保存されている。その中でとくに目立つのは、「明治十六年秋　稿録　文三年生　井上円了」と表書きされた分厚い学習ノートである。この『稿録』というノートは、西洋の文献の抜き書き集とでもいうべきものであり、当時の円了の学習への関心を知ることができる。

抜粋された英文の種類でもっとも多いのは西洋哲学である。そのほかでは、生物学・人間学（進化論）、地理学、物理学、辞典・百科辞典、化学、歴史、文学と、多岐にわたっている。

この中で、妖怪学に関係する文献としてとくに注目されるのは、カーペンターの『精神生理学の原理』である。「テーブル・ターニング」が数ヶ所にわたり抜き書きされている。これはのちに「こっくりさん」の説明原理に使われたものである。

明治十年代は、社会が文明開化で変動し、まだ価値観が動揺していた時期であった。昔のものをそのまま信じることもできないし、新しいものも本当なのか、まだ信じられない。そういう状況に立ちいたったとき、円了は『稿録』にみられるように、自分の頭の中で検証していく作業を行なった。読書

『稿録』
一九七三年、東洋大学図書館の未整理書庫より発見された英文のノート。内容は『井上円了センター年報』第十九号に詳しい。

カーペンター
ウィリアム・ベンジャミン・カーペンター。一八一三〜一八八五。イギリスの医師で生理学者。その著書『精神生理学の原理』は円了にとって重視されたもののようで、東京大学の図書館の本を抜き書きしたあとで、自分の蔵書としても購入している。

と思索を通して正しいものがなぜ正しいのか、またどのような実験を経て正しいのか、それらを論理的に検証していった。

そして、円了はギリシャを起源とする西洋の哲学の本質を理解するようになった。

それは「真理とはなにか」の究明であった。そして、哲学が真理の基準であるという考えに達した。

円了の自伝的文章によれば、青年時代から、仏教、儒教、キリスト教を知り、それを比較検討したが、それらのどれも真理とは思えなかった。こうして自分が十数年来刻苦して渇望した真理は、儒仏両教の中になく、キリスト教の中にもなく、ひとり西洋の哲学の中にあることを知った。このときの喜びはほとんどはかることができないものであったという。

哲学に「真理を発見した」円了は、その哲学を基準にする見方からほかの旧来の諸教を再検討したところ、仏教の説だけが大いに哲理に合うと考えた。そしてさらに仏典を考証して、つぎの結論を得る。

なんぞ知らん、欧州数千年来実究して得たるところの真理、早くすでに東洋三千年前の太古にありて備わるを。

（『仏教活論序論』）

哲学としての仏教を新たに「発見」したのである。それは明治十八年（一八八五）、大学四年生のことであった。

このように哲学による再認識は円了の人生観・世界観に大きな影響を与えるものとなった。

「不思議研究会」の発足

少年時代に妖怪談を好んだ円了は、同時に、大学などの教育を受けてさまざまな知識を身につけるようになった。すでに述べたように、東京大学の予備門、同大学の文学部哲学科に学び、おもに哲学を中心としながら、人文・社会・自然といわれる西洋諸学の幅広い知識を吸収した。

こうして文明開化の思想を信じて知的に成長した円了は、日本の伝統・習俗を批判的にみるようになった。たとえば、大学二年生のときの「宗教編」という論文の一説で、こう主張する。

宗教の第一の敵である無教者や排教者は日に増し月に加わり、いたるところこれなき状況である。現在、小学校に在学するものは、口に『世界国尽《せかいくにづくし》』の一巻を誦し、目に『窮理図解《きゅうりずかい》』の一枚を見る以上、教法をもって空論とし妄説とし、僧侶のごときは愚俗を誑惑《きょうわく》する徒なりと信じ、これとともに談じることを恥じるほどのなりゆきである。わが教法は果たして愚夫愚婦の玩具にして貴顕富豪の門の用のなきものか、野蛮草昧の法にして文明開化の教ではないのであろうか。

このように、明治の新しい知識と日本の伝統的知識が対立し、いずれが文明開化の時代にふさわしいのか、という観点から選別されるようになる、と円了は説いている。このような主張は、円了が学んだ哲学に根拠をもつものであるが、当時の哲学科では西洋と東洋の哲学、純正哲学、論理学、倫理学、心理学を教授していた。そして、在来の日本の人間認識や心理思想とはおよそ無関係に、西洋から移入された「心理学を研究する間に、このこと〔妖怪〕を思い出し」、円了は少年時代に親しんだ妖怪について新たな視点から関心

『世界国尽』『窮理図解』ともに福沢諭吉の書で、小学校用の世界地理と理科の教科書。

をもつようになったという。そして、井上円了は妖怪研究の意義をこう述べている。

方今各地の人民、その十に八九は妖怪を妄信して道理の何たるを知らず、畢竟《ひっきょう》、野蛮の民たるを免れざるものあり。これ、一は教育の足らざるによるというも、一はもっぱらこれを研究するものなきによる。余、いささかここに感ずるところありて、道理上妖怪の解釈を下して人民の妄信を開発し、文明の民たるに背かざらしめんことを欲するなり。

（『通信教授　心理学』）

円了は民衆が妖怪を信じて、その道理をしらず、文明の民になっていないのは、教育の問題であり、また研究不足が問題であると考えていた。

では、円了はどの時期から、妖怪に関する研究を始めたのだろうか。明治二十六年（一八九三）の『妖怪学講義』で、つぎのように記している。

そもそも余が妖怪学研究に着手したるは、今をさること十年前、すなわ

畢竟
結局、要するにの意。

ち明治十七年夏期に始まる。その後、この研究の講学上必要なる理由をのべて、東京大学中にその講究所を設置せられんことを建議したることあり。これと同時に、同志を誘導して大学内に不思議研究会を開設したることあり。

円了が妖怪の研究に取り組み始めたことは、一般にも知られていた。日本の西洋史学の開拓者となる箕作元八《みつくりげんぱち》は、明治十八年（一八八五）の「奇怪不思議ノ研究」という論文で、イギリスの心理研究会（サイキカルソサエティ）の不思議研究を紹介し、日本での同研究の必要性を述べたあとで、「先には、わが大学の井上円了氏が奇怪研究の企《くわだて》ある由を聞きたれども、未だ公言せられたることとなければ、如何なる成績を得られしや知るべからず」と書いているので、研究の詳細はわからないが、円了が明治十七年（一八八四）夏の大学在学中から、奇怪不思議の研究をしていたことがわかる。

箕作が論文で紹介し、実際に円了が「奇怪研究」のために組織したものが、明治十九年（一八八六）一月二十四日に発足した「不思議研究会」である。この不思議研究会の記録は、円了の著書『妖怪学講義』に要約が記されてい

箕作元八
明治・大正期の歴史学者。動物学を学ぶが、のちに史学へ転向。昭和天皇の皇太子時代に歴史学を講義し、多大なる影響を与えた。代表作に『西洋史講話』『仏蘭西大革命史』。

るが、ここでは円了の自筆ノートから原文を紹介しておこう。

不思議研究会

第一会　一月第四日曜即二十四日東京大学講義室ニ会シ研究条目会員

約束ヲ議定ス　当日会員ト定ムルモノ左ノ如シ

三宅雄二郎《みやけゆうじろう》　田中館愛橘《たなかだてあいきつ》　箕作元八　吉武栄之進《よしたけえいのしん》

井上円了　坪井次郎《つぼいじろう》　坪井正五郎《しょうごろう》　沢井廉《さわいれん》

福家梅太郎《ふけうめたろう》　棚橋一郎《たなはしいちろう》

規則ハ別紙ニアリ

第二会　二月二十八日例場ニ開ク

規則一二条ヲ修正ス

坪井次郎氏ノ演説　沢井廉氏ノ報告アリ

当日左ノ二名ヲ会員ニ加フルコトヲ定ム

佐藤勇太郎《さとうゆうたろう》　坪内勇蔵《つぼうちゆうぞう》

第三会　三月二十八日例場ニ会ス

井上円了氏夢ノ説第一回ヲ述フ

三宅雄二郎
三宅雪嶺。明治～昭和期の哲学者。社会時評、哲学、史論の論述で活躍。

田中館愛橘
明治～昭和期の物理学者。地震・航空学の研究に業績を挙げた日本物理学の祖。

吉武栄之進
明治・大正期の応用化学者。東京高工（現：東京工業大学校長）などを歴任。染織工業技術の研究に取り組む。

坪井次郎
明治期の衛生学者。コレラ、結核などを研究。

不思議研究会はこのようにして出発し、「一年五十銭」の会費が徴収された記録はあるが、その後、「余久しく病床にありて、その事務を斡旋することあたわざるに至り、ついに休会することとなれり」と円了が書いているように、第三回のあと再開されることなく終わっている。
しかし、円了の個人による研究はこれで中止されることなく継続された。四ヶ月後の七月に、円了は『令知会雑誌』につぎのような広告文を出している。

世に妖怪不思議と称するもの多し。通俗、これを神または魔のいたすところとなす。その果たしてしかるやいなやは断定し難しといえども、神や魔のごときは、その有無すら今日いまだ知るべからざるに、単にこれをその所為に帰して、さらに妖怪のなんたるを問わざるは、決して学者のつとむるところにあらざるなり。ゆえに、余は日課の余間そのなんたるを研究して、果たして魔神のなすところなるか、または物理および心理上別に考うべき道理ありてしかるかを明らかにせんと欲す。もし、心理上考うべき原因ありてしかるときは、これを仏教の唯心説に参照して、自ら大いに得

坪井正五郎
明治期の人類学者、考古学者。日本人の起源をめぐるコロボックル論争で有名。在学中に沢井廉・箕作元八らと堀之内貝塚の初期の遺跡実査を行なったり、福家梅太郎、佐藤勇太郎とともに東京人類学会を創立し、日本の人類学、考古学の草分けとなった。

棚橋一郎
明治・大正期の教育者、漢学者。哲学館の講師などを勤め、のちに衆議院議員となる。郁文館中学を創立。

坪内勇蔵
坪内逍遥。明治〜昭和期の小説家、評論家、劇作家。代表作は『小説神髄』『当世書生気質』。

るところあるのみならず、その唯識所変の哲理を証立するに、また大いに益あるはもちろんなり。ゆえに、余は令知会諸君に対して、左の諸項中最も信ずべき事実あらば、なるべく詳細報道にあずからんことを望む。
幽霊　狐狸　奇夢　再生　偶合　予言　諸怪物　諸幻術　諸精神病等

この広告文のように、円了の妖怪研究は幽霊から精神病までと、一般的に妖怪といわれるものだけでなく、当初から広範囲なものを対象としていた。そして、雑誌などを通して読者を調査員として、妖怪に関する事実の報告を求める方法で資料収集に着手していた。

このような調査はその後、『哲学会雑誌』『通信教授　心理学』『哲学館講義録』でも続けられた。

哲学館の創立と「妖怪学」講義

哲学館の創立

明治十八年（一八八五）、円了は五十名近い東京大学の卒業生の「総代」となった。首席で卒業した円了に対し、陸軍軍医となっていた恩師の石黒忠悳は卒業にあたって、文部大臣と面接して文部省への就職を斡旋した。しかし、円了はこう述べて固辞した。

おぼしめしは誠にありがたいのですが、もとより本願寺の宗費生として大学へ行なったのですから、官途に就くのは忍びないことです。それに私は日ごろの誓願として、将来は宗教的、教育的な事業に従事して、大いに世道人心のために尽瘁《じんすい》してみたいと思っていますので……

（『井上円了先生』より口語訳）

文部省
現在の文部科学省。

尽瘁
自分を犠牲にして力を尽くすこと。

石黒の就職の斡旋を円了が断わったのは理由があった。すでに大学四年生になったときに、東本願寺へ学校設立の長文の上申書を提出していたからである。その上申書で円了はつぎのように訴えている。

日本が鎖国から開国して、内務ばかりでなく外務を設けたように、教団も内務にあたる自教の研修と同時に、外務にあたる西洋諸学やキリスト教を研究する時代に入っている。この外務を研究・教育するために、新たに仏教館、哲学館の両館を創立することが必要である。この両館は、僧俗学問の中心であり、日本教海の標準となるものであろう。

新時代に対応する学校創立の交渉はそれから再三再四にわたって行なわれたという。二十歳代の円了が大教団への復帰よりも、新たな学校創立という自説を主張して譲らなかったことに、教団関係者は驚いたであろう。

大学卒業後、円了は東本願寺との交渉を続けながら、自ら著述に専念した。仏教界の新聞『明教新誌』に二年間にわたり「耶蘇《やそ》教を排するは理論にあるか」「耶蘇教を排するは実際にあるか」「仏教は智力感情両全の宗教なる所以《ゆえん》

『明教新誌』
明治七年～明治三十四年まで続いた仏教新聞。その内容は、官報、各宗の録事、法語、文芸、寄書など多岐にわたった。

を論ず」という五百枚以上の大論文を連載した。また、日本ではじめての西洋哲学史を雑誌『令知会雑誌』に二年間にわたり「哲学要領」として連載した。こうした著述は、仏教界のみならず社会的にも高い評価を受け、円了は若き論客として注目を集めた。

明治二十年（一八八七）二月、二十九歳の円了は、これらの著作の結論を簡潔にまとめた『仏教活論序論』を刊行した。同書の冒頭で、つぎのように述べている。

余つとに仏教の世間に振るわざるを慨し、自らその再興を任じて独力実究すること十数年、近頃始めてその教の泰西〔西洋〕講ずるところの理哲諸学の原理に符号するを発見し、これを世上に開示せんと欲して、ここに一大論を起草するに至る。

この序論で、円了は仏教を再興するには、真理を愛する＝愛理、国家を護する＝護国の二つが必要で、「護国愛理」こそがこれからの日本社会を進歩させることを標榜《ひょうぼう》した。

大論文　のちに『真理金針』として三編にまとめられた。

『令知会雑誌』　真宗の有志により結成された「令知会」による月刊誌。仏教についての論説、講義だけではなく、仏教界全体、さらには国政の動向なども記事とした。

この『仏教活論序論』は仏教界だけでなく多くの人々の支持を得て、大きな影響を与えた歴史的著作となった。ここで円了は仏教が真理であり、西洋の近代的知性を学んだうえで仏教を信じていることと宣言している。真理を愛することが、仏教の近代化の出発点となったのである。

しかし、この真理を愛求する過程の中で、円了は喀血《かっけつ》などをともなう「難治症」にかかっている。起きれば書籍に向かい、疲れたら寝るという昼夜を問わない研究生活で、その病は長く激しい求道《ぐどう》の日々を物語るものであった。

同九月、念願した哲学館は創立された。館主である円了はその設立趣意書で、同館が帝国大学哲学科の課程を促成するもので、日本語で講義し、余資なき者や優暇なき者を対象とする哲学専修の学校であることを明らかにした。

哲学館は麟祥院《りんしょういん》という臨済宗の寺院の施設を借りて教室とし、定員五十名の募集に対して百三十名あまりが入学した。哲学という新しい学問に興味をもつ学生が多かったからであろう。

そして半年後に館主の円了は、『哲学館講義録』を発行して、文科系で初の通信教育をはじめた。毎月三回、それぞれの講義をまとめて全国へ発送し

麟祥院
文京区湯島にある臨済宗妙心寺派の寺院。開基は徳川三代将軍家光の乳母であった春日局。

た。この講義録で学ぶ学生は北海道から沖縄までと全国各地に総数千八百名あまりにも達した。こうして円了は哲学館を全国規模の学校に発展させることに成功したのである。

こうした哲学館の教育体制ができあがると、明治二十一年（一八八八）六月、円了は突然、独りで世界を一周する欧米諸国の視察に旅立った。学校創立からまだ一年未満という時期である。太平洋を渡り、アメリカ大陸を横断し、大西洋を経てイギリスに到着した。

イギリスではロンドンへ行き、大英博物館、オックスフォード大学、ケンブリッジ大学などを視察。さらにフランス、ドイツ、オーストリア、イタリアの関係施設を訪問し、帰りはフランスのマルセイユを出発して、エジプト、イエメンに寄り、インド洋を渡って、ベトナム、中国に寄港して、横浜へ帰国した。

一年間に及ぶ視察で、「欧米各国のことは日本に安座して想像するとは大いに差異なるもの」であることを、円了は実感した。こうした体験がやがて妖怪研究へと円了を向かわせた。

「不思議研究」から「妖怪研究」へ

円了は大学卒業以来、妖怪関係の資料収集を続けていた。その研究がどのように進められたのだろうか。その過程は「妖怪学著書論文目録」『井上円了選集』第二十一巻所収でたどることができる。

最初の論文は、明治十八年（一八八五）七月二十五日の『学芸志林』の「易ヲ論ス」であり、つぎが明治二十年（一八八七）二月五日の『哲学会雑誌』の「こッくり様ノ話」と続き、単行本、論文、報告などを書き続けている。

一般的に円了は「妖怪」という言葉を定着させた人物といわれているが、はじめから「妖怪」という用語を使っていたわけではない。用語法の変遷を調べてみると、円了は明治十九年（一八八六）の研究会では「不思議研究」という用語を使っている。その後、不思議研究から妖怪研究、妖怪研究から妖怪学へと変わっているので、この用語の変化から研究の進展をつぎのようにみることができる。

「こッくり様ノ話」（明治二十年二月五日）では、「こっくりとは狐狗狸に

『学芸志林』
東京大学から発刊されていた雑誌。海外文献の翻訳や学外者の寄稿が多かった。

『哲学会雑誌』
明治二十年、東京大学哲学科の機関誌として刊行された月刊誌。現在も『哲学雑誌』として刊行されている。

して、狐か狸のようなる一種の妖怪物が、その仕掛けたるところに乗り移りて……」「こっくり様御移り下されと言うときは……その実、他の場所に存在せる妖怪の霊を呼びて」と、「妖怪物」「妖怪の霊」という用語を使っている。「心理学（応用并妖怪説明）」（明治二十一年一月十八日）では、「妖怪不思議」という言葉を使い、それをこう定義している。

妖怪とはなんぞや。余がいわゆる妖怪は、事実現象の奇かつ異にして、普通の道理をもって説明すべからざるものをいう。すなわち、万物万象の通則をもって解説すべからざる、いわゆる理法外に属するものをいうなり。語を換えてこれを言えば、普通の道理思想をもって思議了知すべからざるものをいうなり。ゆえに、あるいはこれを不思議と称す。余もまたこの両称を合して妖怪不思議というなり。しかれども、もし細密にその名称を論ずれば、余が用いるところの妖怪の名は、通俗に用いるところの名称よりやや広き意義を有し、余が用いるところの不思議の名称は、字義上含むところの意よりやや狭き意義を有するものとしるべしこの文章では「妖怪」と「不思議」とを区別し、それを総合するときは「妖怪不思議」という用語を使っている。この用語法は明治二十三年（一八九〇）の「妖怪総論」にも、「余のいわゆる妖怪とは広き意味にして、あるいはこれを妖怪不思議というも可なり」とあり、この時期まで変わっていない。

そして、明治二十四年（一八九一）七月四日の『教育報知』の「妖怪学一斑」で、はじめて「妖怪学」という用語を使っている。このときに論究された、偶合論、天文と人事の関係、卜筮《ぼくぜい》、マジナイなどは、それまで「不思議」という用語で区別してとらえたものであったが、この論文ではすべてを「妖怪」という用語で説明している。

そして妖怪学への展望をこう述べている。

今日は学術が進歩してきたとは申しながら、その範囲が極めて狭小にして、妖怪のごときは多少心理学において研究しておったけれども、いまだ一科の学問とはなりません。畢竟、学者が多忙にして、実際、手を下すひまもなかったのであります。しかるに、私は心理学を研究する間に、このことを思い出したのでありまして、……この妖怪のごときもまた、十分に

『教育報知』 明治十八年創刊の近代教育雑誌。報道、評論を重視し、明治初期の教育界へ大きな影響を与えた。

研究を尽くしたならば、必ず一つの学科となすことができるであろうと思います。

このようにみると、明治十七年（一八八四）の不思議研究は、その後に妖怪研究へと進められ、明治二十四年ごろにはさらに発展して、「学」として体系化する見通しができて、そして「妖怪」「妖怪学」という用語の統一がはかられるようになったと考えられる。

正式に「妖怪学」という用語を使ったのは、明治二十六年（一八九三）の『妖怪学講義』からである。このようにして、円了の妖怪の研究は徐々に進展していった。

勝海舟

明治二十一年（一八八八）から翌年にかけて地球を一周してきた円了は、世界という視点から日本や哲学館をみるようになった。視察の結論として各国には各国それぞれの固有の学問を基本とし、他国の学問は補足として利用しているにすぎない。これは一国の独立の精神を維持するものである。

哲学館は将来に大学を目指し、その途中である現在は「日本の独立の精神」を維持するために、言語、歴史、宗教を完全なものにする。つまり、表面には日本主義をとり、裏面には宇宙主義（哲学）をとる。このように哲学館を改良し、まず哲学館の「独立」＝新校舎の建設に着手する。

このような「哲学館改良の旨趣」を発表した円了は、帰国から二ヶ月後、明治二十二年（一八八九）八月に新校舎の建設に着手した。

そして、この改良事業を通して、著名な政治家である勝海舟《かつかいしゅう》と出会うことができた。それは九月四日のことで、海舟は哲学館の館主とは「あんなに若い人だったのか」という感想をもらしていたという。それから一週間後の十一日、ほぼ完成に近かった哲学館の新校舎が、全国的な被害を出した台風により倒壊した。思わぬ災害に遭ったものの、それから一週間あまりの二十日に、再び新築に取り組んだ。

そのことを知った海舟は、一週間後の二十七日に再び赤坂の私邸へ円了を呼び、事業を達成するには「精神一到何事か成らざらん」の精神が大切であることを懇々と説いた。そして、「これはホンの寸志までじゃ」といって、

勝海舟
江戸時代末期から明治時代初期の武士（幕臣）、政治家。山岡鉄舟、高橋泥舟と共に「幕末の三舟」と呼ばれる。円了が吉田敬と結婚したときの仲人が、海舟の娘婿夫妻であった。

麟祥院から蓬莱町へ移転した哲学館（東洋大学井上円了記念学術センター）

紙包みを渡した。外に出た円了は包みを開けて「百円」という当時の大金が入っていたので驚くとともに、その飾らない励ましを自らの心に刻んだ。十月三十一日、難航した哲学館の新校舎が完成した。海舟はその移転式の二日前に、古い仏像とご祝儀として再び十五円を寄付してくれた。

こうして、哲学館の新校舎設立をもって、円了は本格的に教育事業家として出発することができた。

だが、哲学館の二度の建築

は、円了にとって大きな負債となって圧しかかっていた。海舟に宛てた明治二十三年（一八九〇）の手紙は、そのことを素直に告白したものである。

哲学館も現今の処、維持法相立ち申さず候《そうろう》に付き、今秋より資金募集に着手仕《つかまつ》り度《た》く、その方法に付き色々愚考相運び候えども、別に良き手段これなく候

存亡の危機にある円了に対して、海舟は私邸に呼んで指導を続けた。「海舟日記」の十月十六日のところに、「井上円了、哲学館寄付金の事」とあるのは、寄付金募集の相談である。

ここでの話し合いを経て、全国各地へ円了自身が出かけて、そこで哲学館の趣旨なり、哲学、宗教、海外事情などを講演して、民衆からの寄付を募ることになったのである。

明治二十三年十一月二日、円了は海舟の紹介状をたずさえて、全国巡講へ出発した。能書家として知られていた海舟は円了に自らの揮毫《きごう》をもたせ、寄付者へのお礼とするように配慮していた。海舟はこれを「陰ながらの筆奉公」

揮毫
広義は筆で書かれているものすべてだが、一般には著名人などが依頼に応じて書いた格言などの文字についていうことが多い。

と称していた。

海舟の支援を受けた円了は、一年のうち百五十日以上を巡講にかけるなどして、四年間で北は北海道から南は九州まで、全国の三十二道府県・三十六市・三区・二百三十町村で講演を行ない、また寄付金を募集した。民衆の寄付金は多くて一円、五十銭や三十銭が普通であった。

円了はこの全国巡講の中で、哲学館の館主として教育者であると同時に経営者としての自覚をもった。さらに、全国の民衆の生活にふれることにより、当時の日本の問題をより深く理解することができた。

四年間にわたる全国巡講の際、円了は各地の妖怪談を聞きとっていった。これがのちに『妖怪学講義』にも活かされることになる。

はじめて「妖怪学」が確立されたのはいつか

円了の「妖怪学」がまとまったかたちで世に問われたのは、哲学館の講義としてである。円了が創立したこの哲学館で、妖怪学がどのように行なわれてきたのか、それをみておこう。

巡講
巡回講演のこと。

すでに述べたが、円了は明治二十年（一八八七）九月に哲学館を創立した。これが現在の東洋大学の前身であるが、哲学館はおもに宗教家と教育家の養成を目的としていた。その当時の学科目・担当者・時間表は、『東洋大学百年史』資料編Ⅰ・下編におもなものが収録されているが、これに井上円了記念学術センター資料室のものを加えると、ほぼ判明する。

私立哲学館の第一年級科目・担当講師の中に、「心理学（応用并妖怪説明）」という科目がある。このように、哲学館では創立時から「妖怪」に関する授業があった。明治二十一年（一八八八）二月の文書では、担当の講師を「文学士　徳永満之」と記しているが、『哲学館講義録』では、井上円了が妖怪説明を、徳永満之が心理学をと分担している。

二年目の科目には「妖怪」という名称はなく、「応用心理学　井上円了」とある。なお、この年に円了は第一回の欧米視察にでており、「妖怪」の授業の有無はわからない。

三年目（明治二十三年度）は、哲学館の全授業がはじめて一年生から三年生まで揃った時期である。西洋・東洋の哲学を中心に人文・社会の幅広い一般教養科目が設けられている。参考までにその科目を列記すると、日本学、支那学、印度学、論理学、心理学、社会学、倫理学、教育学、純正哲学、博物学、史学、経済学、政治学、ギリシャ哲学、近世哲学、審美学、宗教学が教授されていた。このほかに、「科外　三級合併」の科目が設けられていた。この中に人類学、博言学、法理学、政理学、生理学、地理学、進化学とともに「妖怪学」という授業を確認できる。

この妖怪学の授業は明治二十四年度も継続されている。翌二十五年度は資料がないのでわからないが、二十六年度（第七学年）「本館学科表」には、前述の「科外の科目」としての妖怪学はない。

しかし、この二十六年度の「哲学館報告」の広告に、「本学年度、本館講義録は正科および妖怪学の二種を発行す」とあり、そのとおりに、『妖怪学講義』は刊行されている。同報告の「同年〔二十六年〕十一月五日より、正科の外に妖怪学講義録を発行して、その純益を専門科資金に積立つることとなす」という文章も、このことを示している。ただし、講義録としての『妖怪学講義』が授業としても行なわれたのか、この点は疑問として残る。なお、それについては後述したい。

このようにして、哲学館の授業としての「妖怪学」は明治二十七年度以後、通信教育の講義録のかたちでのみ存在するようになった。
井上円了の妖怪学は、明治二十六年（一八九三）の『哲学館講義録』として誕生したというのが正確であるが、この哲学館の講義録について、つぎに述べておこう。

私立学校が講義録を発行してその教育・学問の普及をはかったのは、哲学館がはじめてではない。英吉利《イギリス》法律学校は明治十八年（一八八五）から、専修学校は明治二十年（一八八七）から講義録を発行していた。哲学館の講義録はこれに続いて発行されたものである。法律系の専門学校の講義録が相次いで発行されたが、文科系の講義録は哲学館のみであったので、人気があった。
この講義録によって、哲学館は多くの「館外員」を得て全国規模の専門学校に成長したのであるが、講義録はつぎのかたちで作成された。

文字どおりの哲学館講義筆記であり、哲学館における講師の講義を筆記して、これをそのまま掲載したものであった。はじめの頃の講義録には、

英吉利法律学校　現在の中央大学。
専修学校　現在の専修大学。

講義題目（学科目）および講師名とともに筆記者の名前も記されている。境野哲《さかいのさとる》（黄洋）なども、駿河半紙を雷とじにして、各講師の筆記に回っていた

（『東洋大学百年史　通史編Ⅰ』）

その形態は月に三号を発行し、一年に三十六号で完結することを原則としていた。発行開始は第一期第三年級（明治二十三年）までは一月であったが、同年の第四期第一年級では十月、二十四年の第五年級からは十一月となった。ちなみに『妖怪学講義録』は明治二十六年十一月から発行された。

講義録の一号分は、たとえば第一期第三年級の第七号では、高等心理学、近世哲学、史学、印度学、教育学、妖怪報告、本館記事を収録していて、それぞれの科目ごとに十ページ前後の講義録が掲載されていた。これをそれぞれ一年分とじると一冊の科目となる。

つぎに『哲学館講義録』の中の「妖怪」という名称のある講義録について述べておこう。『哲学館講義録』に「妖怪」に関する講義録がはじめて掲載されたのは、第一年級第二号（明治二十一年一月十八日）の「心理学（応用并妖怪説明）」である。

境野哲
明治・大正期の仏教史学者、宗教家。号は黄洋。哲学館出身者として初めて同大学の学長となった。

井上円了が、はじめに「心理学は理論と応用の二科を分かち、応用の部にはもっぱら妖怪の説明を与えんと欲するなり。妖怪には種々の類ありて、あるいは心理の関係なきものあるべしといえども、十中八九は心性作用の上に生ずるなり」と述べて、二号十六ページにわたって総論を掲載している。しかし、「生儀病気にて、代講を徳永氏に請ふたらば、以下同氏講義筆記に就て見るべし」という事情で中断し、その後は清沢満之《きよざわまんし》が改めて応用心理学として妖怪・不思議を講義している。

つぎが「妖怪報告」で、『哲学館講義録』の第一期第三年級の七号（明治二十三年三月八日）から六回に分けて掲載されているが、「妖怪事実を探索し、その結果を館員に報告」したもので、井上円了による講義ではない。

講義録としての妖怪学に近いものが掲載されたのは、第五学年の第四号（明治二十四年十二月五日）からである。タイトルも「妖怪学」とつけられたこの講義録は、以後九回にわたって掲載され、総数百十一ページとまとまったものであり、のちの『妖怪学講義』の先駆と位置付けられる。しかし、井上円了はこの講義録の「序言」で、こう記して「妖怪学」の成立を宣言していない。

清沢満之　徳永満之。真宗大谷派僧侶、哲学者。哲学館創設時に評議員となり、哲学史なども教えた。

妖怪学は応用心理学の一部分として講述するものにして、これに学の字を付するも、決して一科完成せる学を義とするにあらず。ただ妖怪の事実を収集して、これに心理学上の説明を与えんことを試みるに過ぎず……他日に至ればあるいは一科独立の学となるも……今日なお事実捜索中なれば、各事実についていちいち説明を与うることあたわず、ただ余が従来研究中、二、三の事実につき説明を与えしもの

確かに、ここでは狐狗狸のこと、棒寄せの秘術、妖怪を招く法、秘法彙集、心理療法、夢想論、偶合論を論じていても、まだ「学」としての体系化は実現していない段階であった。

こうした経緯があって、明治二十六年（一八九三）に第七学年度の『哲学館講義録』は「妖怪学講義」として発行されたのである。先に、円了が実際に哲学館で「妖怪学」を講義したのか、という疑問を提起しておいたが、この点はこれまでわかっていなかった。すでにみたが、明治二十六年度の「哲学館報告」の「本館学科表」には、妖怪学の授業の記載はない。ところが、

現在の調査によれば、当時の学生の講義ノートがあり、授業も行なわれていたと考えられる。

哲学館に学び、その後、チベットへ仏典を求めた人物に、河口慧海《かわぐちえかい》と能海寛《のうみゆたか》がいる。能海寛は、河口慧海のようにその目的を達成できず、中国の途上で殺害されたといわれているが、その資料は最近、生誕の地である島根県浜田市金城町波佐《はざ》の能海寛研究会によって、真宗大谷派浄蓮寺《じょうれんじ》という生家から発見された。

それらの資料の中に、明治二十六年（一八九三）に井上円了の妖怪学を筆記したノートがある。原文のはじめに、「妖怪学　井上円了氏述　明治廿六年四月始　予記」と書かれていることから、実際の妖怪学の授業が確認されたのである。

能海寛はこのノートに、「第壱回　序論予欠席」と記し、第二回から「妖怪ハ学科ナルカ何科ニ属スルカ　学術上ノ原理ヲ応用シテ未明ヲ説明スルモノユヘ学問ナリ　チツ序組織ヲ要ス　之ニ就テハ従来一ヶノ学科タラザルユヘ他日立派ノモノトナルベシ」と筆記をはじめている。

河口慧海
明治～昭和期の仏教学者、宗教家、探検家。一九〇〇年、日本人として初めてチベットへの入国を果たした。

能海寛
明治期の仏教学者、宗教家。一九〇三年、チベット入国を試みるが、消息を絶つ。

これに続いて、「于時明治二十六年五月十二日従午後二時至三時館主講述」の講義が筆記されている。

この二回の授業は全部で四枚ほどの罫紙に記されているが、その要点筆記の内容を、『妖怪学講義』と比較したところ、「第一総論　第二講　学科編第七節　妖怪学は既設の学科にあらざるゆえん」から「第六講　第四十五節　知識と妖怪の関係」までの講義であった。

またこのほかに、哲学館の第一期生だった金森従憲《かなもりじゅうけん》の履歴書の原文に「同（明治）二十六年九月ヨリ同二十七年九月マテ哲学館ニテ妖怪ニ関スル学術ヲ研究ス」とあり、能海寛のノートの記述と合わせて、実際に妖怪学の講義があったと判断される。

しかし、この講義がそのまま「妖怪学講義」になったのではないと考えられる。講義に加えて新たに筆記されたことがわかっている。

このような経緯で、『哲学館講義録　第七学年度妖怪学』は発行され、日本ではじめて「妖怪学」が誕生したのである。

金森従憲　明治期の僧侶。兵庫県たつの市・真宗大谷派善竜寺住職。

哲学館事件

「妖怪学」の誕生から数年後の明治二十九年（一八九六）十二月、類焼により哲学館の校舎と寄宿舎は全焼してしまう。夜半の火事に学生は驚き、さぞや円了先生もと思い、「思いがけないことで、肝をつぶされたでしょう」というと、円了は残った家の縁側に腰掛けたまま「荷物はほとんど出しましたよ」とだけ答えて、少しも慌てることもなく平然としていた。円了は普段から冷静沈着な人間といわれていた。

明治三十年（一八九七）四月、円了は大学部にあたる漢学と仏教の専修科を開校し、七月にはすでに校地として購入していた小石川原町に新校舎を完成させた。そして、宮内省よりの恩賜金三百円を受けたことを契機に、京北中学校を創立した。

このように教育事業を拡大したのは、円了が「ピンチをチャンス」と考える人間でもあったからである。風災と火災という二つの災難を乗り越えた円了は、哲学館をこのようにして発展させた。

京北中学校　現在の京北高等学校。円了によって一八九八年に開校。

40代後半の井上円了（東洋大学井上円了記念学術センター）

すでに紹介したが、円了は三十歳（明治二十一年）で世界を一周し、生涯で三度の世界旅行をしている。欧米諸国を中心としながら五大陸を巡遊したことにより、世界から日本を見続けたわけである。

第二回の世界旅行の最中、明治三十六年（一九〇三）一月にロンドンで「哲学館事件」が発生したという知らせが入った。この事件は、文部省が哲学館の中等教員無試験検定校の認可を取り消したことにはじまる。

哲学館事件の原因となるのは、文部省による教員資格試験であった。国立の学校では卒業をもって無試験で資格が付与されていたが、私学は別に前記の文部省の国家（文検）試験に合格しなければ資格は取れなかった。この規則には例外があり、円了はそれにしたがって、哲学館への無試験検定校の認可を求めていた。

知られていないが、円了は日本の中等教員無試験検定の私学への開放を求めた先駆者であった。この無試験検定の申請を、円了は明治二十三年（一八九〇）、明治二十七年（一八九四）の二度にわたり文部省に対して行なったが、文部省の回答は当時の官学と私学の差別的な扱いを反映して否定的であった。

だが、明治三十一年（一八九八）になって教育実績の上がってきた諸学校から、官公立学校との格差是正を求める運動が起ってきた。それは教員に限らず、医師、弁護士などさまざまな私立学校が参加した運動となった。

中等教員の無試験検定の運動リーダーは哲学館の円了であり、これに国学院、東京専門学校が加わり、文部省を訪問して問題を協議して解決した。こうして、明治三十二年（一八九九）四月に文部省令が改正され、先の三校が認可され、のちに限定的ながら十一校が認可された。

明治三十五年（一九〇二）十二月、哲学館倫理科の卒業試験が行なわれていた。この無試験検定校の試験には文部省の視学官が立ち会う規則になっていた。試験終了後、文部省の視学官が学生の答案に、「弑逆《しいぎゃく》」の文字をみて、倫理学担当の中島徳蔵《なかじまとくぞう》と短い問答を交わした。この答案と問答をもって、文部省は哲学館が「不敬」「危険思想」の学校であると断定したのである。学生はイギリス人の倫理学者の翻訳書をそのまま書いたにすぎず、中島は館主不在の中、そのことを文部省の関係者への説明で繰り返した。しかし、文部省の無試験検定校の認可取り消しはくつがえらず、中島は、事件の詳細を新聞に投稿した。

これによって、事件の真相を知った関係者や私学に対する過酷な処分とみた新聞・雑誌は、文部省への非難を繰り返した。その結果、

東京専門学校
現在の早稲田大学。

中島徳蔵
明治～昭和期の教育者。東京帝国大学哲学科卒業後、哲学館にて西洋倫理学と倫理学を担当。その後、東洋大学第七代学長務めた。

事件の真相
事件の翌年、中島は、読売新聞に「余が哲学館事件を世に問う理由」を投稿。読売新聞には、一月二十八日～三十日にかけてその全文が掲載され、社会問題化した。なお、一月二十九日付けの読売新聞には、文部省による反論「当事者たる隈本視学官の談」が掲載されている。

哲学館事件は半年間にわたり一大社会問題に発展した。
ロンドンにいた円了は、日本の社会のあり方がこのような事件を惹起《じゃっき》するとみていた。そして、イギリス北東部の都市リーズの近郊のバーレー村に一ヶ月間滞在し、もっぱら民間の風俗、習慣、教育、宗教の状態を視察し、大いに得るところがあったと旅行記に書いている。長男の玄一《げんいち》氏によると、このイギリス滞在を円了をつぎのように語っていたという。

父は第二回の外遊をした折、英国各地を二ヶ月にわたりつぶさに視察した結果、英国人の個人主義、自由主義の長所を認めた。元来彼は、日本人にはめずらしく胆汁質で、神経質なところは微塵もなく、意志が強くて自己の信ずる道を黙々と実行して行くところは、英国人の性格と似通っているので、短期間とはいえ、英国の生活は気に入ったようである。その言論の自由、人格の尊重、社会道徳の発達などとくに羨《うらや》んでいた。

明治三十六年(一九〇三)七月、円了は帰国した。そして、九月に「広く同窓諸子に告ぐ」と題してその後の哲学館が「独立自活の精神をもって純然たる私立学校として」進むことを明言した。

また、「修身教会設立旨趣」を大臣から各地の町長・小学校長にまで配布して、円了がイギリスに学んだ新たな社会教育運動の開始を宣言した。そして、哲学館を専門学校令により「哲学館大学」に改称した。その結果、哲学館は社会的地位を高めることとなった。

しかし、哲学館事件の影響は大きかった。円了は、資格を喪失した卒業生の権利を文部省が回復させるまで、無試験検定の再出願は行なわないという自己の立場を守った。「人災」と位置付けたこの事件はいろいろな面に波及し、社会や学内外でその後のことが問題となった。

問題の中心にあった円了はその処理にあたったが、神経を病んでしまい、庭前で卒倒しそうになることが数回あったという。

大往生

明治三十八年(一九〇五)十二月のある夜、円了は大学からの引退を決意する。円了は独力で二十年間経営した哲学館の土地・建物・資金などすべてを大学へ寄付して、これを財団法人「東洋大学」とし、引退した円了は移転予定地であった哲学堂の土地を個人で買い取ることにした。

一人の教育者にもどった円了は、すでに社会的に提案していた「修身教会」運動を進めることにした。「修身教会」とは、欧米社会の国勢民力を支えているのが国民の倫理・道徳観にあり、それを育成しているのがキリスト教の日曜教会による民衆の教化にあると考え、日本の各市町村の寺院や学校で、修身を中心にした講習会を開催しようとしたものである。

円了は教育勅語を民衆との接点とし、仏教による国民道徳の必要性を訴えて、全国各地を巡回して社会教育の講演をした。

その年間の開催日数は平均で二百二十日を超える激しい巡講であった。最終的に全国の市町村数（平成七年度）の53％で講演したことになった。午前は移動、午後は講演、夜は揮毫という日程で、その揮毫の謝礼の半額を持ち帰り（残りの半額は地元の慈善・教育事業に寄付）、哲学堂を精神的修養公園として拡張していった。

揮毫料を取ったことで「守銭奴」と非難する人や新聞で「井上円了さんの靴はキフキフと鳴る」と揶揄されることもあった。

哲学堂
東京都中野区。当初、この地に大学をつくる予定であったが、精神修養のための公園とすることとなった。円了の死後、本人の遺志で東京都に寄贈され、公園として開園。現在は中野区立哲学堂公園として整備されている。当時の建築物は現在も現存しており、円了の思想を垣間みることができる。

大正八年（一九一七）、六十一歳になった円了は中国の日本人を対象とする巡講に出かけた。最後の大連に到着したのが六月五日である。出迎えたのは東本願寺別院の輪番をしている卒業生で、円了はこのとき自らの信仰についてこう語った。

自分は齢五十をすぎて運命に順応することにした。それは親鸞聖人の教えで、自分はどこにいても祖師のご命日には謹慎して偉徳を敬慕している。

その夜の講演中に、円了は脳溢血を発病して、翌六月六日午前に急死した。円了の生涯を考えると、「信念の人」という言葉が浮かぶ。とはいえ、ユーモアのセンスもあり、生涯を在野で生きぬいた人でもある。「理想」を追い求め、ロマンチストでもあった。

親鸞聖人　鎌倉時代前半から中期にかけての僧。浄土真宗の宗祖。

妖怪学とはなにか

『妖怪学講義』

円了は、生涯にわたり百六十あまりの単行本や多くの論文を発表している。それらを分野別にわけると、哲学、宗教、倫理、心理、妖怪学、随筆・その他となる。その中でも妖怪学は、つぎのように多くのものがある。

『妖怪玄談―狐狗狸の事』（明治二十年五月）
『妖怪学』（哲学館講義録）（明治二十四年十二月～二十五年十月）
『妖怪学講義』四十八号　二十四冊（明治二十六年十一～二十七年十月）
『妖怪学講義』六冊（明治二十九年六月）
『妖怪百談』（明治三十一年二月）
『妖怪学講義録』（明治三十一年八月）

『霊魂不滅論』（明治三十二年四月）
『続妖怪百談』（明治三十三年四月）
『妖怪学雑誌』二十六号（明治三十三年四月〜三十四年四月）
『哲学うらない』（明治三十四年十二月）
『改良新案の夢』（明治三十七年一月）
『天狗論』（明治三十七年一月）
『迷信解』（明治三十七年九月）
『おばけの正体』（大正三年七月）
『迷信と宗教』（大正五年三月）
『真怪』（大正八年三月）

円了の妖怪学の初出はすでに述べたように、『妖怪学講義』四十八号（二十四冊、明治二十六年十一月〜二十七年十月）であり、これが妖怪学の主著で、明治十七年（一八八四）夏から十年にわたり研究してきたものであるが、この間に資料として検討したものはつぎのとおりである。

第一、全国の有志より寄せられた各地の妖怪の報告（四百六十二件）
第二、実地について研究した、コックリの件、催眠術の件、魔法の件、白狐の件等、（十件）
第三、北海道から九州までの全国各地で実地に見聞したもの（三十二県）
第四、数年間にわたる古今の妖怪についての文献調査（五百部）

以上のものを資料として、円了は妖怪学を独創したのであるが、たとえば、第四の文献については、山内瑛一《やまうちえいいち》氏の「妖怪学参考図書解題」（『井上円了選集』第二十一巻所収）でつぎのようなことが判明している。

この解題によれば、参考および引用した文献に直接・間接のものがあり、それらに明治期の雑誌・新聞などを加えると、その数は千六百四十あまりに達する。その内容は、日本、中国、インド（仏典）が主で、時代は古代から江戸時代までを範囲とし、有職故実・故事来歴・語源を調べ、天文・地誌・医学を含めた天・地・人・物・事に関すること（吉兆禍福や善悪にはじまり神仙・卜筮・夢・鬼・霊魂・草木・昆虫）に及んでいる。そして、一般に伝わる風俗、巷談、教訓、人物評伝、紀行文、教訓、名言、秘術、怪異小説、怪談、異聞、奇聞、変化、民話、説話、俗話、雑話、伝奇小説、奇談、奇事、珍説、佳話などを幅広く考証している。思想としては儒教、道教、仏教、神道、修験道を対象としている（円了の妖怪関係文献は現在、東洋大学付属図書館の「哲学堂文庫」に所蔵されている）。

このような文献考証から、円了はつぎのように述べている。

わが国の妖怪は多くシナより入りきたり、真に日本固有と称すべきものははなはだ少なし。余の想定するところによるに、わが国今日に伝わる妖怪種類中、七分はシナ伝来、二分はインド伝来、一分は日本固有なるもののごとし。ゆえに、わが国およびシナの書類は、微力の及ぶ限り広く捜索したるも、西洋の書類は、わずかに数十部を参見せしに過ぎず。

これらの膨大な資料を円了はどのように整理し、講義録として記述したのであろうか。

当時の作成過程を物語る文章はほとんどない。筆記者の一人である田中治六《たなかじろく》は『妖怪学講義』の「第五　心理学部門」を担当し、そのときの様子をこ

田中治六
明治・大正期の教育者。新仏教同志会の創立者の一人。

う記している。

先生は学者として構想統合の才に富まれしとは顕著の特色なり。先生の記憶力も強大にして（なんらかの秘術を用いられしか）、吾人のもっとも難しとする人名・地名などを驚くべきまでよく覚えおられしが、しかし先生は、あるいは博覧強記の人に免れざる短所として、ただ種々雑多の事項をよく記憶するがごときにとどまらずして、これらの材料を統合案配して新形式を構成すること、もしくは独創新奇の思想を造出することは、もっとも得意とするところなりき。……予は「妖怪学講義録《ママ》」のお手伝いをなしたるときに、とくに先生の構想力の偉大なるを感じたり。この講義は哲学、宗教、道徳、天文、理科等の諸部門に分かれ、各門がまたいくぶんの章節に区分せられおりて、二ヶ年にわたりて発行せられし膨然たる大著述なり。さるに、先生は第一に多年蒐集せられし山なす材料を整理して、各部門各章節にそれぞれ案配して、この材料は何部門の何章何節にといちいち記入しておきて、さて後に各部門の首章より次第に口授してこれを予ら門下生に筆写せしめ、その適所にそれぞれの材料を挿入せしむるに、整然として一糸乱れざるものあり。しかのみならず、講義録の頁数のごときも、一定の制限内にてほぼ多からず少なからざるように加減せられて終始したりしは、一には先生の多年著述の経験によるとはいい、また先生の構想統合の偉力に帰せずばあらずと、そぞろに感嘆したりき。

（『井上円了先生』）

このように、円了は膨大な資料をまず四冊の和綴じのメモ帳に筆記し、さらにこれに記号をつけて整理している。このメモ帳の実物は現在も東洋大学にある。これをみながら、田中のいうように、記憶を再現して口述筆記をして、二千ページにおよぶ『妖怪学講義』を完成させたのである。この資料を整理し構想したときに、円了は思索に没頭してつぎのような行動をとったという。

先生は注意凝集の力に秀でられしがゆえに、先生がある事項を専心一意に考えおらるるときは、そばの喧噪なるも妨害とはならず、またほかより先生に話しかくる者あるも、一向に聞こえざるようにて受け答えもせらるることとなし、先生の令閨《れいけい》はこの注意凝集の状を見るごとに、「また例の考えごとが始まった」と言われたるが、これはあたかも禅定三昧に入りしがごときものにて、先生の思索に長じ、思慮の密なりしは実にこの禅定的状態と相待てることなりと思わる。

(『井上円了先生』)

明治二十六年に一年間にわたり哲学館の講義録として二十四冊(二号合冊)発行されたものは、明治二十九年(一八九六)六月に単行本の『妖怪学講義』として合本六冊にまとまられて、再び世に出た。それだけ注目されたものであったのであろう。

親鸞にも通じる妖怪学の目的

「創業の明治」といわれる時代に、円了はだれも取り上げなかった「妖怪」に着目し、それを「妖怪学」という学問にした。これによって、日本人は古代からの妖怪を改めて認識し直すようになった。では、円了はどのような問題意識でこの学問に取り組んだのであろうか、その目的を要約すれば、つぎ

令閨 令夫人。円了の妻、敬のこと。

のようになる。

今やわが国、海に輪船あり、陸に鉄路あり。電信、電灯、全国に普及し、これを数十年の往時に比するに、全く別世界を開くを覚ゆ。国民のこれによりて得るところの便益、実に夥多《かた》なりというべし。ただうらむらくは、諸学の応用いまだ尽くさざるところありて、愚民なお依然として迷裏に彷《ほう》徨《こう》し、苦中に呻吟《しんぎん》する者多きを。これ余がかつて、今日の文明は有形上器械的の進歩にして、無形上精神的の発達にあらずというゆえんなり。もし、この愚民の心地に諸学の鉄路を架し、知識の電灯を点ずるに至らば、はじめて明治の偉業全く成功すというべし。しかして、この目的を達するは、実に諸学の応用、なかんずく妖怪学の講究なり。（『妖怪学講義』）

円了は妖怪について、一般的には「これを解して不思議」といい、また「これを釈して異常もしくは変態」というが、これは妖怪を妖怪といっているにすぎないと述べている。通俗的にいえば、妖怪とは「普通の知識にて知ることができず、また尋常の道理にて究《きわ》めることができないもの」をいうと指摘する。円了は「妖怪とは異常、変態にして、しかも道理の解すべからず、いわゆる不思議に属するものにして、これを約言すれば不思議と異常を兼ぬるもの」と定義する。

そして、妖怪は人と世によって異なるものであり、妖怪の有無は物にあらずして人にあり、妖怪の標準というものは、人の知識や思想である。したがって、「妖怪のそのもののなんたるを究めてこれに説明を与うえるは、すなわち妖怪学の目的」であるという。

その説明を与える理論を、円了は哲学を中心とし、これに理学、さらに医学を加えて、これらの学問の理論とその応用で構築しようとした。民衆の妖怪は実怪ではなく虚怪であり、実怪中の仮怪を払い去って真怪を開く、このことを先の理論で明らかにすることこそ、妖怪学の目的であるという。

妖怪を明らかにすることの目的は、「護国愛理」である。真理を愛する精神にもとづいて世間の人々を「迷苦」から解き放つことは、国家を護することにほかならないと主張する。

妖怪学で円了がとくに重視した分野は、教育と宗教である。妖怪学によって教育家、宗教家の「迷雲妄霧《めいうんもうむ》」の状態にあるものを一掃することは民衆の

「心の雑草」を除去するものである。したがって、「妖怪学は宗教に入る門路にして教育を進むる前駆なり」と位置付けられる。

円了の場合は真宗の寺院の生まれで、生涯にわたり真宗を信仰していた。その真宗の開祖の親鸞が『正像末和讃《しょうぞうまつわさん》』で、

かなしきかなや道俗の
良時吉日えらばしめ
天神地祇をあがめつつ
卜占祭祀つとめとす

悲しいことには出家も在家も日時の善悪吉凶を選び、天地の神祇を崇拝して禍を避け福を求め、卜筮や祭祀を専らとしている。

と述べているように、その教義には習俗や迷信を批判的にみる視点があった。また、親鸞の主著『教行信証《きょうぎょうしんしょう》』の化身土巻《けしんどかん》の中には円了の妖怪学に通じるものがあった。このような点が円了の妖怪学の原点ではなかったのかという見方もある。

『正像末和讃』
親鸞の著で、正嘉元年頃の著作といわれる。「三帖和讃」の一つで、全百十六首の和讃からなる。

『教行信証』
親鸞の著書で、正式な標題は『顕浄土真実教行証文類』。浄土真宗の根本聖典。

『妖怪学講義』の具体的内容

円了は『妖怪学講義』の中でこのように目的を述べ、人間と妖怪との関係を歴史的にとらえている。その見方はつぎのように区分される。

第一時期　感覚時代（知力の下級）
第二時期　想像時代
第三時期　推理時代（知力の高等）

円了はこのように歴史的に区分し、要約するとつぎのように述べている。

妖怪学は人類のはじめから存在したものではない。その理由は太古の時代は人が物や心がなんであるかを知らず、万物をみてこれを怪しむ理由がわからなかったからである。「無思無想」の時代であった。

第一の感覚時代になって、人間は妖怪をはじめて意識する。人の知識がようやく進んで、物心や内外の別を知り、結果をみて原因を探り、原因を知って結果を求めるようなる。ここから、妖怪学ははじまる。万物のすべては妖怪にして、日月も妖怪、星辰《せいしん》も妖怪、雨風や山川も妖怪とみたのである。

そのため、その原因を究め解釈を与えようとし、その解釈ができないときは不安を覚える。ここから百科諸学が世に起こるのである。万物の解釈を与えるときに、人間の感覚によって見聞して得られるもの、つまり「形質上」のもののみによって説明する時代である。

しかしこの時代の解釈は、現在からみれば「迷見」や「妄想」のみである。いわゆる学説ということはできないが、これらは妖怪学の起源である。

第二の想像時代は、人知が進んで、実際上、「有形質」だけで解釈できないものがあることを知り、自然に「無形質」を想像するにいたったのである。想像作用が進むに及んで、「有形質の影像」がさらに変化して「無形質に近づき」、ついには感覚以上、経験以外に無形世界を「想立」するようになる。こうして、第一時期にあっては雨風や山川のそれぞれに霊ありとして「有形的の多神」を信じたのが、その想像がようやく無形にうつって、多神を無形的に考えるようになった。そしてさらに、多神の上に一神があると想定するにいたったのである。この一神の体が物心二者を支配し、いっさいの現象の変化はみなその想像または媒介によるものと考えるようになる。したがって、この時代にあっては、妖怪の説明はみな神力の「干渉媒介」や「天啓感通」によるものと考えた。しかし、この説明は想像によるもので、いまだ論理思想の作用がない時代であった。

第三の推理時代は、人知が大いに発達し、虚構や想像を交えずに確実な推理によって、卑近から高遠まで及ぼし、有形から無形まで及ぼし、感覚以内から感覚以外まで及ぼすもので、今日の学術時代の解釈である。これは宇宙万物の法則をもととし、精密かつ確実なる「論理」によってさまざまな現象を説明するものであるから、妖怪の解釈も大きく変化せざるを得ないのである。私の妖怪学はこの第三時期の解釈法によって説明するものである。その説明にも、第一に理外的または神秘的説明法、第二に唯心的または理想的説明法、第三は経験的または自然的説明法があり、この三種類の説明法が第三時期の真面目《しんめんもく》である。

このように円了は、人間と妖怪の関係を歴史的にとらえている。『妖怪学講義』の「総論」には、これを含めてさまざまな観点から理論的な検討がなされている。たとえば、定義編、学科編、関係編、種類編、歴史編、原因編、説明編（第一～第六）である。およそ一冊分が理論的な検討にあてられ、

このような理論の結論として、円了はつぎのように妖怪の分類している。

この分類を簡単に説明しておこう。

「偽怪」とは、人の意志、工夫によって構造、作為する妖怪で、これに個人的と社会的の二種類がある。

「誤怪」とは、偶然に起ったできごとが、誤って妖怪と認められたものである。これに外界と内界、つまり客観的妖怪と主観的妖怪の二種類がある。

この偽怪と誤怪は「虚怪」であり、真の妖怪とはいえない。人の虚構と誤《ご》謬《びゅう》から生まれるものである。

この「虚怪」に対するものが「実怪」である。

その第一は「仮怪《かかい》」である。「仮怪」は人為でもなく、偶然でもなく、自然に起こるものであり、これに物のうえに現象するものと、心のうえに現象するものの区別がある。そのため、一つを「物怪」、「心怪」にわけることができる。

さらに「実怪」には「仮怪」のほかに「真怪」がある。「真怪」とは、真正の妖怪で、実在するものである。

「実怪」の中で、「仮怪」はこれを講究してその原理がわかれば、普通一般の規則と同一の道理にもとづくものということができる。いまの人知では妖怪とみられるものも、将来の人知によってその理の解明が期待されるものである。

これに対して「真怪」は「いかに人知進歩すとも到底知るべからざるものにして、これ超理的妖怪なり」で、どうしても解明することができない、不可思議なものである。

世界には無限絶対の世界と、有限相対の世界、さらに人間世界がある。この人間世界は先の両界の間にまたがり、よく二界と通じている。これを三大世界という。この三大世界に相応して妖怪にも三種類ある。つまり、真怪はいわゆる絶対世界の妖怪で、仮怪はいわゆる相対世界の妖怪である。偽怪は人間世界の妖怪である。誤怪は偽怪と仮怪のうえに偶然に生じたものであるがために、これに対すべき世界はない。

このように、円了は妖怪学の結論として、妖怪の種類を分類し、その定義を行なっている。

妖怪をどうとらえるか

『妖怪学講義』は二千ページを超える大著である。先に講義録として出版されたが、三年後の明治二十九年（一八九六）に六分冊にまとめられて、その普及がはかられた。哲学を中心とし、これに理学と医学などを加えて、妖怪とはなにかを明らかにしようとしたものである。この大著は、総論、理学部門、医学部門、純正哲学部門、心理学部門、宗教学部門、教育学部門、雑部門の八種類から構成されている。部門別におもな項目を列挙すると、つぎのようになっている。

総論　　　定義、種類、原因、説明等

理学部門　天変、地異、奇草、異木、妖鳥、怪獣、異人、鬼火、竜灯、蜃気楼、竜宮の類《たぐい》

医学部門　人体異常、癲癇《てんかん》、ヒステリー、諸狂、仙術、妙薬、食い合わせ、マジナイ療法の類

純正哲学部門　前兆、予言、暗合、陰陽、五行、天気予知法、易筮《えきぜい》、御籤《みくじ》、淘宮、天元、九星、幹技術、人相、家相、方位、墨色、厄年、有卦無卦《うけむけ》、縁起の類

心理学部門　幻覚、妄想、夢、奇夢、狐憑《きつねつ》き、犬神、天狗、動物電気、コックリ、催眠術、察心術、降神術、巫覡《ふげき》の類

宗教学部門　幽霊、生霊《いきりょう》、死霊、人魂、鬼神、悪魔、前生、死後、六道、再生、天堂、地獄、祟《たたり》、厄払い、祈祷、守り札、呪《じゅ》詛《そ》、修法、霊験、応報、託宣《たくせん》、感通《かんつう》の類

教育学部門　遺伝、胎教、白痴、神童、記憶術の類

雑部門　妖怪宅地、怪事、怪物、火渡り、魔法、幻術の類

円了が仮怪として取り上げているおもな項目でも、このように多岐にわたっている。『妖怪学講義』の実際を調べてみると、取り上げられている仮怪の細目は二百七十項目を超えている。一般的に妖怪といえば、幽霊やお化けなどであるが、円了の場合、先の分類にしたがって、天変地異からマジナイまで、一般的に妖怪に入れない事柄も含めて、極めて広範囲な現象を妖怪

として取り上げている。ここに円了の妖怪学の特徴がある。

明治という時代は「実証の精神」が重んじられた。円了は愛理の精神で真理を愛求した。それは理論的な究明であるが、同時に円了は「実際」を重んじた。妖怪学が単に理論にとどまらず、実際の個別の事象を取り上げて、理論を「応用」して解明したのは、そういう「実際」の精神があったからである。この点も、円了の総合科学としての妖怪学の特徴である。

さて、円了が妖怪をどのようにとらえたのか、その具体例をみておこう。ここでは、二百七十を超える項目の中から、幽霊、狐に妖《ば》かされる話、河童伝説の三つを紹介しよう。

幽霊

円了は霊魂不滅を信じているという。幽霊の有無は霊魂の不滅に関係するので、幽霊は実在すると考える。しかし、世の中でいう幽霊はそのほとんどが人為的、偶然的なものであり、霊魂論とは性質を異にしているので、円了は霊魂現存説に立たないという。また、世の中の幽霊談は、事実か、虚偽か、そういう判断ができないものであるから、説明できないものであるという。

そして、幽霊が存在する理由を内因と外因にわけて説明する。内因は、幽霊に関する人がもつ記憶や観念で、外因は、幽霊の現象を引き起こす外界の事物によると考える。

内情としては、

一、疲労、衰弱、憂患、哀痛、恐怖の場合

二、予期、専思、熱情の場合

三、疾病、発狂、精神諸病の場合

外情としては、

一、薄暮、夜中のような事物の判明しないとき

二、山間、深林のような寂寥な場所

三、死人の出た家、または墓畔《ぼはん》、柳陰のような幽霊を連想させる場所

このような内因、外因、内情、外情は学問的に説明ができるもので、円了はこのような幽霊の場合、霊魂不滅論からの説明は必要ないと考える。疲労や衰弱のような肉体的あるいは精神的なものであって、とくに精神的な病と同様に、その原因は精神の内部よりは外部に求められるので、学問

的な究明ができるという。

狐に妖かされる話

これについて、円了は七つの疑問を提起している。

一、狐は身体構造や神経組織や知能程度も、動物の中でとくに高位に位置付けられない。その狐が人を妖かすことができて、猿や像のように動物的に数等上位の物が人を妖かさないのはなぜだろうか、なぜ狐だけが人を妖かすのであろうか。

二、狐は東洋にも西洋にもいる。それなのに、日本と中国の狐だけが人を妖かし、西洋ではそういう事例が聞かれないのか。

三、狐が妖かすのは、知識の乏しい人、臆病な人、酒酔いの人、下等の人が多く、だれでもよいわけではないのはなぜだろうか。

四、狐が妖かすのは日暮れや夜間であり、朝や日中ではない。また、市街や村落ではなく人さびしい山中や墓所などであるのはなぜか。

五、狐に妖かされた話は、未開の時代や未開の地方に多く、教育が普及した今日に少ないのはなぜか。

『妖怪学講義』（東洋大学井上円了記念学術センター）

六、妖かされるのが臆病な人や無知な人というが、小児や精神障害者がこれにあたらないのはなぜか。

七、動物中の最高位にあるという人間が妖かされて、人間以下の犬や猫などの動物が妖かされないのはなぜか。そういう話は聞いたことがない。

これらの疑問から円了は、狐妖が出るのは「狐は人を妖かす」という話を知っている人に限定されるのであるという。人を妖かす狐妖《こよう》の原因は、狐妖に関する言い伝えの記憶にある。したがって、「狐が人を妖かす」のではなく、「人が人を妖かす」のであるというべきである。つまり、狐に人を妖かす能力があるのではなく、人の心の中にその原因がある。

人が狐の実体を目撃したこと、あるいは絵画や昔話で狐妖のことを見聞したこと、さらに狐によって人が妖かされたという場所を通過すること、これらの事情が一つは記憶にあり、一つは実際に接見して起るものであれば、狐そのものが原因の一種たることは間違いがない。しかし、それは「誘因」である。

狐が人を妖かすのではなく、狐を媒介して人が自ら自分を妖かすとわかれば、もはや狐に妖かされる人はいないであろう。そのため、大事なことは教育を普及させ人知を向上させて、「狐が人を妖かす」という誤った記憶を取り去ることであると、円了はいう。

河童伝説

この伝説は古代よりあり、その話が繰り返し語られて人々の記憶に残っているとき、偶然に水中になにかあるのをみてこれを河童と誤認するのである。世の中が開けていくにしたがって、河童伝説も衰滅に向かう。この衰滅現象から、逆にこの伝説が古代未開人の妄想であることがわかると説明する。

円了の『妖怪学講義』の具体例をみてきた。仮怪を払いて真怪を開こうという目的意識で、いずれも仮怪であることを実証しようとしたものである。その説明に賛否はあろうが、二百七十を超える事象にこのような説明を行なって、妖怪とはなにかを考察した円了の情熱は、明治の精神世界に合理的な思考を普及させたものであろう。また、この説明を読んだ読者は、妖怪を新たな視点から考え直す機会をもったことであろう。その意味で、近代日本の人々に妖怪を再認識させたのは、円了の『妖怪学講義』であったといえる。

妖怪学の普及

講義録としての「妖怪学講義」を発表した明治二十六年（一八九三）十一

月に、円了は妖怪研究会を設立し、さらに各地からの妖怪の情報収集に取り組んでいる。その一方で、円了自らが妖怪の実験を行なっている。その姿はあまり知られていないが、長男の玄一氏は当時の実験の模様をこう伝えている。

明治二十年代の終わり、本郷蓬莱町の自宅に福沢諭吉翁と護国寺住職高《たか》志《し》大了《だいりょう》老師を招き、宇《(ママ)》〔守〕田宝丹翁が爪の垢から糸引名号を発するという云う人を連れて来て顕微鏡で実験した。その時筆者〔玄一氏〕は小学生で福沢翁に挨拶のために呼ばれ、光彩ある爪をのぞいて見たことを覚えている。

糸引名号とは名号を称えながら爪の先にできる垢に赤い糸があれば、その家の人の信心が篤いことを証明する占いである。円了はその垢を顕微鏡で観察して、真実を究めようとしたのである。

また玄一氏の言い伝えにはつぎのようなものもある。

高志大了
明治期の僧侶。真言宗長者。

守田宝丹
九代目守田治兵衛。明治期の実業家。十九歳で家業の薬舗を継ぎ、自らも号とした薬「宝丹」を大胆な広告で販売。

〔父は〕新聞の切り抜きを集め、また狐つきなどの聞込みがあれば自ら出向いて行って押入にはいって検討したり、またわざわざ家を鬼門に建て、北枕に寝たり、だれも買手がなくて安い四四四番の電話を哲学館にひいたり〔した。〕

このように、円了は本格的に妖怪を研究し、そして十年間に及ぶ成果を『妖怪学講義』として刊行し、新たな学問として明治の社会に提起したわけである。

すでに述べたが、円了の「妖怪学」は哲学館講義録としてはじめて出版され、その後、六分冊の『妖怪学講義』として再版された。そして、明治三十三年（一九〇〇）～三十四年には、先の妖怪学講義に新たな妖怪情報を加えて『妖怪学雑誌』（二十六号）としても出版された。このほかに、先に紹介した『妖怪百談』『おばけの正体』などを出版して、「妖怪学」の普及をはかった。

円了の「妖怪学」への評価はどのようなものであったのか。たとえば、明治三十年（一八九七）二月十六日に文部大臣から、このような評価があった。

・本書、材料の収集に富み、論説援据にくわしきはもちろん、ことに目下民間においてなお迷信流行し、往々普通教育の進歩の障害する点もこれあり

・学術上いちいちこれが説明を与えられしは、すこぶる有益のことと思考いたし

・かかる著述のあまねく世に公行せば、今より漸次、かの迷信の旧習を減退するの一助となる

二月二十二日に宮内大臣から明治天皇に奉呈され、天皇は『妖怪学講義』を愛読したという。

このように、円了の「妖怪学」は社会的な評価を受け、さらに民衆から「妖怪博士」「お化け博士」と呼ばれるまでに、社会に普及している。

円了が明治二十三年（一八九〇）から二十六年にかけて全国を巡講したこ

論説援据 文章を引いて証拠とすること。

博士 円了は正しくは「文学博士」である。

とはすでにふれたが、このときは哲学館の創立寄付金の募集をおもな目的とし、講演と妖怪の情報収集を各地で行なった。この長期にわたる巡回で、円了は学校教育以外の社会教育の必要性とその可能性を実地に体験した。

そして、哲学館を引退して、修身教会運動という社会教育に専念し、明治三十九年（一九〇六）から亡くなる大正八年（一九一九）まで、全国巡講を続けた。十四年間にわたった全国巡講は、講演日だけで二千六百二十一日という、常人では考えられない規模で行なわれ、講演の総席数は五千二百九十一席、聴衆者は合計で百三十万人に達している。

前代未聞の規模で展開された円了の全国巡講の様子は、『南船北馬集《なんせんほくばしゅう》』という本で書き残されている。このころの講演の取り組みは、あらかじめテーマが三十ほど提示され、現地の人がその中から選択できる方式になっていた。

この『南船北馬集』という全国巡講日誌には、各地の講演会を統計のかたちで残している。その中で、講演テーマの統計は、詔勅修身が41％、妖怪迷信が24％、哲学教育が15％、教育が８％、実業が７％、雑題が５％となっている。修身が多いのは円了の社会教育（道徳）を目的とする巡講の趣旨から考えて当然であるが、つぎに要望の多かったのが妖怪迷信で、全体の四分の

席　一回の講演数。

一を占めていた。このことは、円了の妖怪学は民衆から注目されていたことを表している。

具体的にはどうだったのだろうか。たとえば、大正五年(一九一六)八月十一日、山形県酒田市での例を紹介しよう。酒田での講演は、一回目が「精神修養」、二回目が「妖怪談」であった。地元の新聞の報道によれば聴衆は三百名を超えていたという。

このとき小学生で円了の講演を聴いた人はつぎのように語っている。

私は小学五年生、円了先生のお話はめずらしかった。親たちが迷信深く、夕方さびしかった。暗くなるとこわかった。狐火、鬼火、人魂の話など、円了先生は絶対おっかないものでないと説かれた。それから大人たちのお茶飲み話でも、迷信らしいものがでると円了先生のお話になった。私は子供心に気持ちが明るくなった。

(「円了と民衆」)

このように、円了の講演は民衆の生活経験に合理性を与えたものであった。

著書と全国巡講によって、円了の妖怪学は日本の近代に普及し、円了自身が妖怪博士・お化け博士といわれるように、「妖怪ブーム」にまで発展した。この妖怪ブームはそれまで日本人がもっていた妖怪の体験や知識を、新しい西洋学的視点から洗い出したものであり、民衆の身近な生活問題であったことが、現在の様子とは違う。

大正八年（一九一九）六月六日、円了は中国・大連で講演中に倒れて急逝した。そのとき、日本の各新聞が死亡記事を掲載したが、「妖怪博士逝く」と題するものがほとんどであった。海外のニューヨークタイムズ紙の記事でも「the Ghost Doctor」と記されている。それほど円了の妖怪研究は社会的・歴史的に注

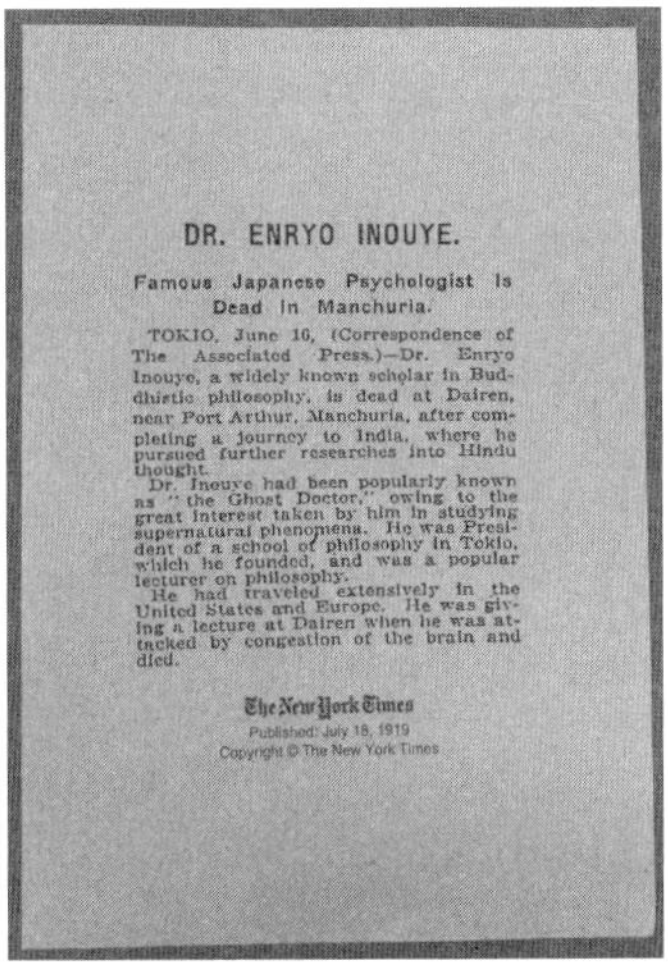

DR. ENRYO INOUYE.

Famous Japanese Psychologist Is Dead in Manchuria.

TOKIO, June 16, (Correspondence of The Associated Press.)—Dr. Enryo Inouye, a widely known scholar in Buddhistic philosophy, is dead at Dairen, near Port Arthur, Manchuria, after completing a journey to India, where he pursued further researches into Hindu thought.

Dr. Inouye had been popularly known as "the Ghost Doctor," owing to the great interest taken by him in studying supernatural phenomena. He was President of a school of philosophy in Tokio, which he founded, and was a popular lecturer on philosophy.

He had traveled extensively in the United States and Europe. He was giving a lecture at Dairen when he was attacked by congestion of the brain and died.

The New York Times

Published: July 18, 1919

Copyright © The New York Times

1919年7月18日付「ニューヨークタイムズ」（東洋大学井上円了記念学術センター）

目されたものであった。

そして、二千ページを超える『妖怪学講義』は、明治、大正、昭和の戦前と戦後、平成の各時代に出版され、現在も読み継がれている。

円了の哲学と妖怪学

哲学を専門にした円了がなぜ妖怪の研究に進んだのか、ときどきこういう質問を受ける。そこで、まず円了の哲学観を述べて、つぎに妖怪学との関係を説明しておこう。ギリシャで発祥した哲学は、Philo+sophia ＝愛求する＋知恵、つまり知恵を愛求するということが原義である。円了の哲学を理解するために、まずギリシャ人の四つの見方を紹介しよう。それらはドクサ、エピステーメー、ソフィア、ヌースである。

ドクサ（doxa）とは、思い込みとか、偏見、常識などをいう。これは一般に「知っている」ことを意味する。

エピステーメー（episteme）とは、分析してわかること、ものごとをわけてとらえることを意味する。科学的知識がそれで、簡単にいえば「知識」

哲学
philosophy の訳語で、「知恵を愛求する」の意。明治初期、西周（にしあまね）による訳語「希哲学」の「希」が省略され「哲学」となった。当時は心理学なども含まれた。

である。ラテン語ではスキエンチア（scientia）、つまり英語のサイエンス（science）「科学」のことである。

ソフィア（sophia）とは、「知識」に対する「知恵」で、総合的な知識を意味する。ラテン語ではサピエンチア（sapientia）といい、人間をホモ・サピエンスというあのサピエンスである。

ヌース（nous）とは、直観で、言葉では説明できないものをいい、神的や神秘的なものを指す。

これらの用語を使って、円了の哲学をまとめると、つぎのようになる。

円了は明治時代の偏見や思い込み、つまりドクサを取り除いて真実を明らかにしようとした。そのために、とことん物事をわけて、徹底的な分析を行なう。

東京大学時代に学んだ西洋の実証的学問であるサイエンスの知識を使って分析を行ない、そのうえで、わけたものがどのように連関するのか、その全体的な理解を、円了は「哲学」と名付けた。エピステーメーとソフィア、スキエンチアとサピエンチア、つまり知識と知恵、あるいは、科学と哲学。これらの両者を統合することが、円了の目指した「哲学」である。

そして、円了の哲学と妖怪学の関係を、哲学者の柴田隆行《しばたたかゆき》氏はこう語っている。

井上円了の哲学は、学術的にはともかくとして、また本人の意図も括弧に括《くく》って、一般人の理解として見れば、妖怪学という一言に尽きるのではないだろうか。明治期にはさまざまな妖怪が存在すると信じられてきたが、井上円了はそれを科学的に解明しようとした。「科学的に」ということは、妖怪などは迷信にすぎないとして紋切り型でそれを切り捨てるのではなく、筋道を立ててその存在に、あるいはその存在を信じる自分の心に、分析を加え、その由来を明らかにすることを意味する。つまり、妖怪の存在を信じ恐れている人たちが、あくまでも自分自身で納得して、自分の力でそれにメスを入れることができるようにすることが、妖怪学の目標である。

円了はこのように「自分のものの見方・考え方」を求めることを哲学といった。それは円了の教育理念でもあったから、妖怪の存在に「自分の力でそれにメスをいれる」ようにしたのである。

第二章

民俗学の創始——柳田国男

民俗学の柳田国男

少年時代

日本の民俗学の創始者である柳田国男は、明治八年（一八七五）七月に、現在の兵庫県神崎郡福崎町辻川に誕生した。柳田という姓は養子にいってからのもので、父は松岡操《まつおかみさお》、母たけの六男として生をうけた。柳田の兄弟は八人で、長男の鼎《かなえ》は医者となって開業し、のちに地方議員となった。次男の俊《とし》次《つぐ》は奉公中に死去。三男の泰蔵《たいぞう》は眼科医となり、井上家に入って養子となり、のちに国文学者として有名になった。四男は二歳、五男は四歳でそれぞれ早逝した。柳田は六男で、つぎの七男の静雄《しずお》は海軍の軍人として昇進した。八男の輝夫《てるお》は美術学校の教授で大和絵の巨匠となった。

柳田の研究書は多く、ここでは柳田と妖怪の関係を考える際に必要なことのみ記すが、参考文献としては『評伝　柳田国男』に多くを負っていること

松岡操
明治期の儒者、医師。柳田国男ら「松岡五兄弟」の実父。

鼎
松岡鼎。「松岡五兄弟」の長男で医師。後年は千葉県会議員、布佐町長（現：我孫子市布佐）、千葉県医師会長などを歴任した。

泰蔵
井上通泰。「松岡五兄弟」の三男で桂園派歌人・国文学者、眼科医。

を予めお断りしておきたい。

松岡家は代々医者で名家ではあったが、裕福ではなかった。父は十九歳で医業を継承したが、儒学に転向し、姫路の学舎の師範として明治四年（一八七一）まで勤め、のちには神官になった。母はとくに記憶力に優れていていたという。柳田の兄弟はすでに紹介したように、そろって社会的な成功者になるという珍しい例であるが、その要因として、松岡家に一貫して流れている学者的資質が豊かで、そこに宗教的色彩が多分に加わっているといわれている。

柳田は身体虚弱の方だったが、頭の大きさは人並みはずれていた。幼いころから利発で、特異な感覚をもった早熟な子供で、松岡家には近所の子供たちが集まり、その中で「餓鬼大将」としてふるまうようになった。貧しいが代々村の名家であるという背景もあったのだろう。

この幼いころの餓鬼大将としての役割が、後年、全国の学者や人々の信望を得、膨大な資料を収集し、それを学問として組織していった素地になったのであろうと指摘されている。

明治十二年（一八七九）、柳田は辻川の昌文小学校に入学した。五歳のと

静雄　松岡静雄。「松岡五兄弟」の七男で海軍軍人、言語学者、民族学者。
輝雄　松岡映丘。「松岡五兄弟」の八男で日本画家。

きである。そして九歳で小学校を卒業し、つぎに北条町の高等小学校に入学、この翌年に、柳田が自伝『故郷七十年』で書いた「日本一小さな家」から、加西郡北条町に一家は移転する。明治十八年（一八八五）春、高等小学校を卒業するが、そのとき県知事から褒状を受けた。

その後一年間、辻川の素封家《そほうか》の三木家にあずけられることとなった。この三木家には四万冊に及ぶ蔵書があり、柳田はその蔵書を自由に取り出して読書することが許された。早熟だった少年時代の柳田は、ここであらゆる種類の本を耽読したという。

明治二十年（一八八七）、長兄の鼎が帝国大学の医学部を卒業し、茨城県北相馬郡布川町に開業したことにともない、柳田は長兄のもとへ身を寄せるために生まれ故郷を離れた。十三歳のときのことである。生誕地である辻川は街道が十字に交差する交通の要衝であったが、移住してきた布川も昔から魚や野菜の集散地で、江戸・東京と物資を通して密接な関係があった。辻川や布川はともに往来する人々が情報をもたらすところであった。

移住してから二年ほどは学校にも行かず外で遊びまわったり、長兄の友人である小川家の蔵書を乱読したりした。小川家の本は儒学のような系統的な

素封家
財産家のこと。

布川町
現在の北相馬郡利根町の一部。南西部と南部には利根川が流れている。

ものではなく、新刊の本や雑誌、坪内逍遥《つぼうちしょうよう》の著作などさまざまなジャンルの本があって、ここで柳田は文学的に目覚めたという。

柳田はこの布川で異常な心理を体験する。そのことはつぎのように語られている。

春の某日、隣家の庭で同家の祖母を屋敷神とする小石祠の中を、好奇心からのぞいてみた。扉の中には、祖母が中風で伏していた時、いつも撫でまわしていた美しい蝋石《ろうせき》の珠が一つおさまっていた。これを見たときに、実に奇妙な気分におそわれて、そこにしゃがみこみ、ふと空を見上げた。すると、不思議にも晴天の空に「幾十の星が見えた」という。瞬間、空高く鵯《ひよどり》がピーと鳴いたので、ハッと気付き、初めて人心地がついて、「あの時に鵯が鳴かなかったら、私はあのまま気が変になっていたんじゃないかと思う」（自伝）と、この不思議な異常体験をのべ、これを他人に話しても、だれひとり信じてはもらえなかったという。（『評伝　柳田国男』）

このように、柳田には神秘的な感受性が強かったといわれるが、それは父の影響にもよるものであった。父は漢学、国学、医学を修学し、非常な読書家であり、世間のことには疎かったが敬神の念に篤く、神秘的な思想をもっていたからである（父母はやはり布川へ移住してきて、柳田が二十二歳のとき、ともに亡くなった）。

高級官僚になった抒情詩人

柳田は明治二十三年（一八九〇）冬に長兄のもとを離れて、次兄の通泰《みちやす》のもとへ移住した。次兄はこの年に帝国大学を卒業して眼科の助手となり、自分でも開業していた。通泰自身、医者でありながら文筆家として活躍しはじめていて、幸田露伴《こうだろはん》、森鷗外《もりおうがい》、落合直文《おちあいなおぶみ》、小中村義象《こなかむらよしかた》などと親しくしていた。柳田は学校に通わず自由な生活をしていたが、通泰の医院には何人もの書生がいて、その中の義理の又従兄弟の中川恭次郎《なかがわきょうじろう》から影響を受けていたという。中川は医者志望であったが文学青年でもあり、柳田は中川から文学について、とくに鷗外について熱い影響を受けた。

幸田露伴　明治～昭和期の小説家。代表作に『五重塔』。
森鷗外　明治期の文学者、軍医。代表作に『舞姫』『うたかたの記』『青年』『高瀬舟』。
落合直文　明治期の歌人、国文学者。
小中村義象　池辺義象。明治期の歌人、国文学者。

鷗外は明治二十二年（一八八九）に訳詩集『於母影《おもかげ》』を『国民之友』に発表し、その原稿料で雑誌『しがらみ草紙』を創刊し、さらに『国民之友』に「舞姫」などを発表していた。柳田は「『酔うような気持ちで』鷗外の文章を読み、そのさわりの部分を暗記するほどの熱の入れようだった」という。

柳田はまた次兄の用事をもって鷗外の家を訪ねた。鷗外は柳田を家に招いて菓子などをごちそうしてくれ、快く会ってくれた。柳田は晩年にそのころを回顧して、つぎのように語っている。

訪ねていくと、……私が興味をもってゐる方に話を進めてくれました。「なにか読んでゐるかい」と云われるから「かういうものを読みたいと思つてます」と云ふと「あすこにあるから持つて行きなさい」と言はれたり、私も勉強をはじめたばかりですから、そんなことなどが文学をはじめる一つの原因になつたのでせうね。

（『評伝　柳田国男』）

鷗外が柳田に与えた影響は文学に限らず、西洋の幅広い分野に及び、柳田の視野を広げるものであったといわれている。

中川恭次郎
明治期の編集者。

『国民之友』
明治二十年創刊の総合雑誌。徳富蘇峰の設立した民友社が発行。平民主義を掲げて思想界、言論界に多大な影響を与えたが、蘇峰が国家主義的言論へ転じたこともあり衰退した。

その精神形成において鷗外とともに多大な感化を与えたのが歌人の松浦《まつうら》萩坪《しょうへい》であった。

柳田は父の影響もあって早くから歌をつくっていた。歌人の次兄はすでに桂園派《けいえんは》の松波遊山《まつばゆうざん》に歌の添削を頼んでいたが、弟の柳田の才能に気付くと松波と相談して柳田を松浦萩坪に入門させた。

松浦は歌集の巻末に「詠歌十訓」を掲載していて、その中でもっとも重視したのが「しらべ」であった。この「しらべ」は感動から生じるもので、そこに作為や虚飾があってはならなかった。「このような考え方は、(香川)景樹《かげき》の教えそのままといっていいが、辰雄はそれを無批判に墨守したのではなく、そこに自分の真に生かす道を見出し、この道を一筋に生き抜いた」といわれている。そこに柳田は惹かれた。

また松浦は、「平田学以来の霊魂を信じる所謂《いわゆる》幽冥道」を信じて、しばしば柳田に対して「『かくり世』は私と貴方の間にも充満して居る、独り居ても卑しい事は出来ぬ」などと語ったという。柳田は神秘的な体験をしていたから、松浦の幽冥道に関する信仰をまっすぐに受けとめたのであろう。歌ばかりではなく、思想の影響もかなり大きなものであったと考えられている。

松浦萩坪
松浦辰男。桂園派の歌人。

松波遊山
松波資之。桂園派の歌人。

景樹
香川景樹。江戸後期の歌人。桂園派をたちあげた。

また、柳田のあの独特な文体は明らかに和歌の影響から成り立っていると指摘されている。

松浦の門人には有栖川《ありすがわ》宮家の人々など老人が多かったが、その中で若者たちだけで紅葉会という会をつくっていた。柳田も誘われ、そこで田山花袋《たやまかたい》と出会う。参加した若者はみな文学青年で、単に歌をつくるだけではなく、広く文学や人生について談じて、互いに刺激しあった。学校と縁のなかった柳田にとって、ここではじめて友達らしい友達をもつことになった。

明治二十四年（一八九一）、十七歳になった柳田は兄たちの援助で中学校へ進学する。そして中学卒業資格を得て、明治二十六年（一八九三）七月に第一高等学校に合格し寄宿舎に入った。柳田は自伝の中で、第一高等学校時代を回想し、つぎのように述べている。

学資のいる学校など私としては諦めていたのに、兄たちのお蔭で入れたのだから、その喜びも手伝って、私は非常に勉強した

しかし、これまでの自由な生活から、寮生活に中々なじめなかったようで

田山花袋　明治・大正期の小説家。代表作に『蒲団』『田舎教師』。

ある。

官立の学校に入った時には余程ひねびた少年として目せられて居つた。自分にも普通の書生と同化するのに大分骨が折れた。(『評伝　柳田国男』)

柳田が雑誌『文学界』と縁をもったのは第一高等学校時代からである。在学中から新体詩を寄稿し、『文学界』が明治三十一年(一八九八)一月に廃刊するまで、新体詩三十二篇、詩的散文六篇、和歌八首を発表し、文学的にも評価されている。とくに明治三十年(一八九七)は、彼の試作の頂点で、『若菜集』に収録された島崎藤村《しまざきとうそん》の諸作より時期的に一歩先んじ、質のうえでも十分拮抗《きっこう》できる作品をつぎつぎと書いていると評価されている。

柳田が文学青年となったことと『文学界』との関係は、つぎのようにいわれている。同世代人の雑誌であり、しかも全体に共通する浪漫派な気質、西欧文学に対する憧憬《どうけい》、恋愛におけるプラトニズム、広い意味でのアマチュアリズム、これらの特色が柳田の気質と合い、抒情詩人としての開花を促したのであった。また、同人である藤村からうけた刺激も大きかった。

『文学界』
明治二十六年、星野天知主宰のもとに、北村透谷・島崎藤村らが中心となって創刊された文芸誌。

島崎藤村
明治~昭和期の詩人、小説家。代表作に『若菜集』『破戒』『夜明け前』。

柳田の詩は大部分が恋愛詩である。実際の恋愛があったといわれるが、最後の新体詩は『帝国文学』明治三二年（一八九九）六月号の「別離」「人に」の二篇であった。

『文学界』廃刊以降、柳田は『帝国文学』に新体詩、詩的散文、和歌を発表していたが、柳田が詩を捨てた理由は、明らかにある恋愛事件の終末にあった。柳田は恋愛からさめると同時に、詩からもさめたのであると指摘されている。

こうした文学活動をしている一方で、明治三十年、二十三歳で第一高等学校を卒業し、東京帝国大学法科大学政治科に入学した。そして、農政学という日本ではじまったばかりの学問を専攻した。

柳田の研究者によれば、大学時代の柳田のことはほとんどわかっていないという。その中で知られているのが明治三十一年（一八九八）の夏、柳田が伊良湖岬《いらごみさき》に二ヶ月近く滞在したことである。散歩の途中で浜に椰子の実が漂着しているのを発見し、このことを帰京後に藤村に話したところから、藤村の新体詩「椰子の実」が誕生したのである。

『帝国文学』
明治二十八年、帝国大学文科大学が母体となって創刊された学術・文芸雑誌。

伊良湖岬
愛知県田原市にある渥美半島先端にある岬。

椰子の実
名も知らぬ遠き島より流れ寄る椰子の実一つ故郷の岸を離れて汝はそも波に幾月と歌曲でも知られる藤村の詩。

明治三十三年（一九〇〇）七月、柳田は大学を卒業し、農商務省農務局に勤務する。そして、秋には大審院判事の柳田直平《やなぎだなおひら》の家の養嗣子となることが決まり、往来がはじまった。

柳田は高級官僚になっても文学への関心を失わなかったという。その一つがのちに「竜土会」と名付けられる文学者たちとの交流であり、またその後に「イプセン会」の発起人・世話人となっている。これらの組織の中心は柳田であり、なにも書かない彼が文学者たちを集めるという組織者としての才能が発揮されたものである。

民俗学者への道

大学を卒業した柳田は、農商務省農務局農政課に勤務するかたわら、現在の早稲田大学で「農政学」を講義している。

高級官僚となった柳田は職務上、よく旅行をした。明治三十四年

柳田直平
明治期の法律家で大審院判事。国男は直平の四女である孝と結婚し、柳田家の養嗣子となった。

農商務省
戦前における日本の中央官庁。現在の農林水産省と経済産業省の前身。

（一九〇一）二月、最初の旅行で群馬県下の製糸工場を一週間視察した。さらに同年十一月から一ヶ月以上にわたり、長野県の各地で産業組合や農会に関する講演を行なっている。このような視察や講演はその後も続き、これが柳田の学問形成のもとになった。

柳田の農政学は、早稲田大学に続いて行なわれた専修大学や中央大学での講義で知ることができるが、彼の目的は、農業を生業《なりわい》から産業に引き上げ、農民を農業だけで生活できるような中農に育成することであった。しかし、当時の日本の農政学の主流は農本主義的な小農保護論であったから、柳田の中農育成策はこれに対抗するものであった。

近代合理主義の発想をもつ柳田は、つぎのようにいわれている。

> 当時、共同体としての〃ムラ〃があるのは「維新以前」のこと、「旧時代の思想」、「従前ノ慣習」、「古き時代」のこととみていた……みずからの農政上の提言が政策的に実現されていたとすれば、あるいは柳田は案外単純な近代主義者として栄達の途をたどり、民俗学へ屈折することはなかったかも知れない。柳田の農政学から民俗学への推進にはある種の挫折が

中農・小農　中規模農家のこと。小農はわずかな田畑を持ち、家族の労働力だけで農業経営を行なう小規模農家のこと。

あったのである。

（『評伝　柳田国男』）

『時代ト農政』という柳田の著書には、農民との認識の違いが記されている。柳田が農民のためにと思って活動していても、農民にとっては天下り的に命令を下す役人の一人にしかみえていなかったのである。

このことは柳田にとって大きな衝撃であった。この体験が大学教育ではわからなかった農民や日本人の思想の原型を探求させる原動力となったのであろう。

柳田の官僚としての活動はつぎのとおりである。明治三十三年（一九〇〇）に農商務省農務局に勤務。明治三十五年（一九〇二）には法制局参事官に任官。明治三十七年（一九〇四）には日露戦争にともない横須賀の捕獲審検所評定官となり、各地に出張。明治三十八年（一九〇五）には全国農事会の幹事となる。明治四十一年（一九〇八）には兼任宮内書記官となる。明治四十三年（一九一〇）には兼任内閣書記官記録課長、大正三年（一九一四）に貴族院書記官長となり、官僚としての栄達をとげる。

貴族院
衆議院とともに帝国議会を構成していた立法機関。皇族議員、華族議員、勅任議員（多額納税者議員、帝国学士院議員、勅選議員）からなっていた。

しかし、五年後の大正八年（一九一九）には貴族院書記官長を辞任して、四十五歳で十九年間の官僚生活を終えている。

明治四十三年（一九一〇）の『時代ト農政』を刊行したあとは、農政学に関する積極的な論稿はほとんどなくなり、それに反して民俗学関係の業績が増加していく。

兼任宮内書記官をしていた明治四十一年五月から八月まで、長期間にわたり九州旅行を行なっている。その途中で、宮崎県椎葉村《しいばそん》を視察し、共同体としての「ムラ」が現存していることに驚く。

柳田の民俗学へのスタートはこの発見によってはじまる。「昔」は手の届かない過去ではなく、山村に行けば直接触れることができるということを発見したのであった。この実感がその後の柳田に決定的な意味をもたせ、翌年、この椎葉村の実体を『後狩詞記《のちのかりのことばのき》』にまとめて刊行している。

このようにして「山地人民の思想性情を観察」することの意義を確信し、九州旅行を終えてほどない明治四十一年十一月に水野葉舟《みずのようしゅう》の紹介で、岩手県遠野《とおの》出身の文学青年の佐々木喜善《ささききぜん》に会った。柳田はそのときのことをつぎの

椎葉村
宮崎県東臼杵郡にある村。

水野葉舟
明治～昭和期の詩人、歌人、小説家、心霊現象研究者。

佐々木喜善
明治～昭和期の民俗学者。現在の岩手県遠野市土淵生まれ。祖父よりさまざまな民話や妖怪譚を吸収して育つ。

ように回想している。

小説を書いていた水野葉舟が、ある時「珍しい男がいますよ。昔話なら、いくらでも知っているから、連れて来ましょうか」と教えてくれました。……ところが、いろいろ話すが、なんとしても、ナマリがひどくて言葉が通じない。だんだんわかるようになりましたが、佐々木は、私のことを道楽でやっているとでも思ったでしょう。はじめのうちは、バカにしている風が見えました。しかし私は話を持っているのには、ともかく、びっくりしました。ちょっと、異常心理をおこしたりしましたね。それを筆記した原本を大切にしていましたが、……これは文章にはなかなか苦心しました。

（「岩手日報」昭和二十八年一月一日）

明治四十二年（一九〇九）二月から、柳田は佐々木に訪問をお願いして、その語ることを感じたままに書きとめ、八月には遠野の現地も調査した。

こうして明治四十三年（一九一〇）六月に刊行されたのが、柳田の代表作といわれる『遠野物語《とおのものがたり》』である。柳田の山民山人の研究の嚆矢《こうし》である。

また、明治四十三年五月には、「石神、シャグジ、道祖神、姥神、山神、荒神、御霊、三峰等の由来を攻究し、その文明史上の地位を明にせんと試みた書簡」集と、柳田が広告文に記した『石神問答《しゃくじもんどう》』を刊行している。この出版を機縁にして南方熊楠《みなかたくまぐす》との文通がはじまった。

こうして柳田は初期の作品である『後狩詞記』を五十部自費で、『遠野物語』は三百五十部を、『石神問答』は千五百部を出版している。

これらの著作には、柳田がハインリヒ・ハイネやアナトール・フランスなどから学びとった歴史観が反映されており、そのため、明治十七年（一八八四）創立の坪井正五郎らのイギリス流の「東京人類学会」とは異なっていた。新たな理念とモティーフにもとづいた、のちに柳田民俗学と呼ばれた個性的な日本民族学の道を、柳田は開拓していった。

孤独な大家

当時の柳田には、日本の「国民の精神」の原初としての神々への研究関心

南方熊楠
明治～昭和期の生物学者、民俗学者。博覧強記ぶりで知られ、草創期の博物学・民俗学に異彩を放つ業績を残した。

ハインリッヒ・ハイネ
一七九七～一八五六。ドイツの詩人、作家、ジャーナリスト。

アナトール・フランス
一八四四～一九二四。フランスの詩人、小説家、批評家。

と、日本の農村を「科学」として研究しなければならないという問題意識があった。初期の著作は農政学から民俗学への転換を象徴するもので、こうした著作のかたちで社会へ問う一方で、民族の研究組織をつくることにも力を注いだ。

明治四十年（一九〇七）の新渡戸稲造《にとべいなぞう》の「地方《じかた》の研究」という講演は、柳田に大きな影響を与えたといわれている。この研究は「氏名」「地名」「家屋の建築様式」「村の形」「土地分割」「言語・唄」などを通して、歴史や人情などの村のことをすべて対象とするものであった。

柳田はこのころから自宅で「郷土研究会」をはじめていたが、やがて明治四十三年（一九一〇）十二月四日に新渡戸を中心とする会と合流して、新たに「郷土会」を設立したのである。定例会員は新渡戸と柳田を中心に二十名あまりからはじまり、この会が自然解散した大正八年（一九一九）ごろには五十名を越えるまでに発展した。のべ六十回に及ぶ例会では、さまざまな地方の研究成果が報告されている。

一方で、柳田は明治四十三年に兼任内閣書記官記録課長に就任した。柳田は大正三年（一九一四）四月まで籍をおき、日本の生の古典や地方文献資料

新渡戸稲造
明治・大正期の農学者・教育者・倫理哲学者。代表作に『農業本論』『武士道』『修養』。

を読み整理する仕事にあたった。それは柳田の文献を通しての郷土研究の基礎を築いていくものとなった。その中で、大正二年（一九一三）三月、高木《たかぎ》敏雄《としお》という新進気鋭の神話学者と協力して、雑誌『郷土研究』を創刊する。毎月千部を発行し、創刊号は増刷したほどの反響があった。

この活動には柳田の独創的な理念があった。それをこう語っている。

郷土を研究しようとしたので無く、郷土で或るものを研究しようとして居たのであつた。その「或るもの」とは何であるかと言へば、日本人の生活、殊にこの民族の一因としての過去の経歴であつた。それを各自の郷土に於て、もしくは郷土人の意識感覚を透して、新たに学び識らうとするのが我々どもの計画であつた。

（『評伝　柳田国男』）

ここに、郷土を研究対象としながら、日本の「常民」の歴史を深く掘り下げようとする柳田の理念が明らかにされている。

『郷土研究』の創刊号には、

高木敏雄
明治・大正期の神話学者。日本の神話、昔話、伝説研究の先覚者。代表作に『人身御供論』『日本神話伝説の研究』『童話の研究』。

郷土研究の本領、巫女考、ミコと云ふ語、蝦夷の内地に住すること、牛の神話伝説補遺、宅地の経済上の意義、三輪式神婚説話に於て、山人外伝資料、今昔物語の研究、西行法師の閉口せし山賎の歌

という研究論文が掲載されている。柳田はペンネームを使って高木とともに多くの論文を書き、雑誌の性格を形成し、やがて多くの寄稿者を集めることに成功した。大正三年（一九一四）、高木が都合により編集からはなれると、柳田が独りで編集するようになった。

この『郷土研究』を通して、南方熊楠や中学の教師であった折口信夫《おりくちしのぶ》をはじめ、のちにフォークロリストとして活躍する人々と出会った。大正六年（一九一七）三月、この雑誌は第四巻第十二号をもって休刊となるが、最終号は柳田がいろいろなペンネームを使って全部を執筆した。

一方、雑誌とともに行われたのが、西園寺八郎《さいおんじはちろう》と赤星鉄馬《あかほしてつま》から寄贈された三千円を資金に刊行された『甲寅叢書《こういんそうしょ》』である。この叢書では、金田一京助《きんだいちきょうすけ》『北蝦夷古謡遺篇』、白井光太郎《しらいみつたろう》『植物妖異考』上巻、柳田国男『山島民譚集』、

折口信夫
明治～昭和期の民俗学者、国文学者。柳田國男の高弟として民俗学の基礎を築いた。代表作に『古代研究』『死者の書』。

西園寺八郎
明治～昭和期の宮内官僚、公爵、貴族院議員。

赤星鉄馬
明治～昭和期の実業家。大正銀行頭取。ブラックバスを初めて日本に移入したことでも知られている。

金田一京助
明治～昭和期の言語学者、民俗学者。アイヌ語の研究で有名。

香取秀真《かとりほつま》『日本鋳工史稿』、斎藤励《さいとうれい》『王朝時代の陰陽道』、白井光太郎『植物妖異考』下巻、という六冊が収録された。柳田の大いなる情熱は衰えず、大正九年（一九二〇）二月から、柳田の著書『赤子塚の話』を第一冊として延べ三十余冊の『炉辺叢書』が刊行され、日本の民俗学を形成するうえで重要な仕事であったと評価されている。

大正八年（一九一九）十二月に貴族院書記官長を辞任して官僚生活を終えた柳田は、翌九年六月に佐渡へ旅行に出た。旅から帰った柳田は、朝日新聞社から入社の誘いを受け、八月に「最初の三年間は、内地と外地とを旅行させてもらいたい」という条件付きで朝日新聞社客員となり、早速、東北地方へ旅行に出た。

この旅に同行した慶応義塾大学を卒業したばかりの松本信広《まつもとのぶひろ》は、柳田の旅における姿をつぎのように伝えている。

先生にまことに感服したのは、どんな階級の人々とめぐりあわされても、巧みに彼等の側に立ち、その境遇に理解を持って話を切り出され、彼等の意見を聞きだされる手際のよさであった。平素、民俗学は人間に対する同

白井光太郎
明治〜昭和期の植物病理学者、本草学者、菌類学者。代表作に『日本博物学年表』。

香取秀真
明治〜昭和期の鋳金工芸作家、歌人。代表作に『日本金工史』。

斎藤励
明治期の陰陽道学者。『王朝時代の陰陽道』は、斎藤の卒業論文で、陰陽道に関する最初のまとまった書で、今もなお評価が高い。

松本信広
大正・昭和期の民俗学者、神話学者。日本民族文化の「南方説」を唱えた。代表作に『日本神話の研究』『日本民族文化の起源』。

情に立脚しておる学問であると言われていたが、これをまざまざと体験させていただいた

（『評伝　柳田国男』）

柳田は、八月から九月まで東北地方へ『雪国の春』の旅を、十一月には中部地方や関西・四国地方へ『秋風帖』の旅を、十二月から翌十年（一九二一）三月まで九州・沖縄地方へ『海南小記』の旅を行なっている。沖縄では『古琉球』の著者である伊波普猷《いはふゆう》などと出会った。

ところが、大正十年（一九二一）五月に請われて国際連盟委任統治委員に就任し、十二月までにアメリカ・フランス・北欧・イタリアを回ることになった。帰国後、上田《うえだ》万年《かずとし》らと南島談話会を開くが、五月から十一月まで国際連盟の仕事で二度目の渡欧しなければならず、この仕事は大正十二年（一九二三）に辞任するまで続いた。

帰国した柳田は、朝日新聞社の講演旅行で各地を回った。そして大正十四年（一九二五）十一月に、民族、考古、社会、人類、言語などを網羅した隔月刊の雑誌『民族』を創刊した。

これは日本の民俗学の確立、つまり本格的な組織と育成を目指した営みの

伊波普猷
明治～昭和期の民俗学者、啓蒙家。沖縄文化研究の基礎を築いた。代表作に『古琉球』。

上田万年
明治～昭和期の国語学者、言語学者。現代の国語学の基礎を確立した。代表作に『国語のために』。

一つであるといわれる。柳田は、毎号巻末に記される編集後記を通して、細かな検証と提言を記している。

しかし、こうした柳田の検証と提言という振る舞いは、やがて雑誌『民族』を休刊へと追い込んでいった。『民族』は昭和四年（一九二九）四月、第四巻第三号で休刊した。そこには編集者と柳田の編集方針や研究方法の対立、民族学に対する一国民俗学を志向しようとする柳田の不満に端を発したある種の感情的対立があった。

その直接のきっかけになったのが折口信夫の原稿「常世《とこよ》及びまれびと」の掲載をめぐる対立であったといわれる。この担当者であった岡正雄《おかまさお》はつぎのように回想している。

> 先生（柳田―筆者注）と折口さんとは学問の質がちがっていたのですから、先生が折口さんの学問を高く評価しつつも、折口さんの学問を「科学的」でないという批判的な気持ちがあったと思われます。先生がひそかにもっていた問題ないしアイデア、先生はこれを資料を読み重ねて結論にもっていこうとする。折口さんも同じ問題を折口さん風（直感―筆者注）の発想

岡正雄
大正・昭和期の民族学者で、アラスカ・イヌイットを研究。のちに東京外国語大学アジア・アフリカ言語文化研究所所長などを歴任。『民族』は岡の兄が店主であった岡書院から刊行された。

で発表される。……「常世及びまれびと」、あの原稿を折口さんにいただいて先生にお見せしたら、こんなものは載せられないといって折口さんに返せといわれたのです。僕はそのとき先生とかなり激しくやりあったのですが、それぢゃあお前、勝手にしろといわれた。……それやこれや、先生との間がいろいろな点でうまくいかなくなってきたのです。先生自身も『民族』への関心はうすくなり、雑誌の編集も困難になってきました。

（『評伝　柳田国男』）

柳田にはこうした気質があった。そして、昭和四年（一九二九）七月、折口信夫を中心とする民族談話会は、発展して民俗学会となり、機関誌『民俗学』という組織に、柳田は一切関わらなかった。

戦前から戦後へ

昭和五年（一九三〇）十一月、柳田は『明治大正史　世相篇』を出版し、五十五歳で朝日新聞社論説委員を辞任した。

昭和七年（一九三二）から、柳田は「山村語彙」「農村語彙」「常民婚姻資料」「漁村語彙」を発表する。そして昭和八年（一九三三）九月十四日には、民俗学の概論書として『民間伝承論』を出すために、成城町の書斎で講義を始めた。この日がちょうど木曜日だったこともあり「木曜会」と名付けられたこの講義は以後も継続され、会員に異同はあったが、戦後の昭和二十二年（一九四七）三月十三日の民俗学研究所の研究会、談話会に引き継がれるまで、三百回近い回数をかさねて、日本の民俗学の中核をなすサロンとして存在した。

昭和九年（一九三四）に出版された『民間伝承論』の中で、柳田は民俗資料をつぎのように分類することを主張している。

「旅人の採集と名付けてよい」　有形文化
「寄寓者の学と名付けてよい」　言語芸術
「心の採集又は同郷人の採集と名付くべき」　心意現象

この本を『民間伝承論』と題したのは、学問としてまだ体系化されておら

成城町　現在の東京都世田谷区成城。柳田は昭和二年にこの地に移住した。

ず、「民俗学」と呼ぶには時期尚早だと考えていたからである。

この年の四月、木曜会の同人により「郷土生活研究所」が発足し、日本学術振興会の補助を受けて、三年間にわたる「山村調査」がはじまった。それは一府県一ヶ所以上、全国の五十ヶ所を調査しようとしたものであった。

昭和十年（一九三五）の柳田の誕生日である七月三十一日から八月六日まで、日本民族学講習会が開催された。世話人は木曜会の同人で、参加者は北は北海道から南は沖縄までの各府県の七十二名、これに大学の学生など八十人近くで、予想を大きく上回った。この講習会で柳田は「採集期と採集技能」という講演を行ない、民俗学と民族学との区別をあきらかにして、民俗学は自国の文化を追求する国家的な学問であることを説いた。

この講習会をきっかけに全国的な連絡組織となったのが、現在の日本民俗学会の前身である「民間伝承の会」である。命名は柳田であるが、民俗学と名のることには、まだためらいがあったようだ。

昭和十二年（一九三七）は記念すべき年であった。一月から三年間にわたり、日本民俗学講座が開講され、柳田が東北帝国大学と京都帝国大学で「日本民俗学」の講義を行なったからである。民俗学と名付けることをためらっ

日本学術振興会
昭和七年、昭和天皇の下賜金により設立された財団法人。現在は文部科学省所管の独立行政法人で、学術研究の助成、研究者の養成のための資金の支給などを行なっている。

ていた柳田がはじめて「日本民俗学」と題して講義を行なった。またこの年の五月から郷土生活研究所は先の「山村調査」に引き続いて、二年間にわたり「漁村調査」に取り組むことになった。

昭和十六年（一九四一）一月十日、第十二回朝日文化賞が柳田に贈られることが発表された。授賞理由は「日本民俗学の建設と普及」である。柳田の取り組んできた日本民俗学がようやく社会から認められたのである。柳田はこの受賞を祝う民間伝承の会主催の「日本民俗学講演会」で、「次の代のために」として講演し、つぎのような趣旨を語っている。

　われわれは文字に書かれていない日本人の生き方を尋ねて、それを「次の代のために」残そうとするのが日本民俗学の目的である

戦時下の柳田は昭和十九年（一九四四）に『火の昔』を出版し、続いて疎開児童に読ませるために『村と児童』を刊行したが、同年十一月二十六日の第二百四十三回木曜会は戦局が厳しくなり、話題もそれに集中するので中止となった。

敗戦の混乱からすばやく復活したのも木曜会であった。敗戦の年の昭和二十年（一九四五）九月九日には木曜会を再開している。日本の将来についてだれもが暗中模索の状態であったから、官界や言論界に身をおいた柳田の判断は重みを増していたという。民俗学の行末に関しても、戦前の国史の多くの部分が否定された以上、庶民の歴史を目ざしてきた民俗学が重要な役目をもつのは当然であり、このような固い決意が柳田学校の中に明るい見通しとひそかな自信とをもたせることになったといわれる。

雑誌『民間伝承』は昭和二十一年（一九四六）八月号から復活した。なお、七月に柳田は枢密《すうみつ》顧問官《こもんかん》に就任している。

昭和二十二年（一九四七）三月二十三日の木曜会において、会を発展的に解消し、民俗学研究所を設立することが宣言された。当初、維持員六十八名（東京三十七、地方三十一）、研究員十四名（東京六、地方八）、代議員七名、常任委員五名であったこの研究所は、翌年四月八日に財団法人の認可を受けた。

柳田は戦後の国語科教育と社会科教育にも強い関心をもち、研究所では教科書の出版を行なった。昭和二十四年（一九四九）には『民俗学辞典』を刊

柳田国男　昭和２９年書斎にて、三木茂氏撮影。（成城大学民俗学研究所）

行。民間伝承の会を日本民俗学会と改称して、その会長に就任した。昭和二十六年（一九五一）十一月には第十回の文化勲章を受章した。そして『民俗学辞典』が毎日出版文化賞を受賞し、世間の注目を集めた。

昭和三十年（一九五五）十二月、『綜合日本民俗語彙』全五巻の半分が刊行されたこの時期に、柳田は研究所の理事・代議員を集めて解散の案を出した。専任研究員は専属で、ほかの職業を兼任できない規定であった。大卒の初任給が一万円のときに専任が受け取る研究費は五千円であった。このような経済事情などがあり、昭和三十二年（一九五七）八月八日に民俗学研究所は解散した。

柳田は進歩的ではあったが、革新的ではなかった。反動ではなくて保守的であった。思想を追うよりは実利を求めようとしたといわれる。

研究所の解散が検討されたころ、柳田は八十二歳の昭和三十一年（一九五六）に『妖怪談義』を出版し、翌三十二年にはＮＨＫ放送文化賞を受賞している。昭和三十六年（一九六一）二月には『定本柳田國男集』を決定し、『海上の道』を刊行。

昭和三十七年（一九六二）に八十八歳の米寿を迎えたが、八月に心臓衰弱のために逝去した。遺言により蔵書は成城大学へ寄贈された。

成城大学へ寄贈
昭和三十二年に成城大学へ寄託された蔵書は、柳田の死後、全て寄贈され、「柳田文庫・民俗学研究所」（現在の成城大学民俗学研究所）が設立された。

柳田国男の妖怪学

影響を与えた三人の男たち

日本の民俗学を創立した柳田にとって、その思想に大きな影響を与えた人物が三人いる。

平田篤胤《ひらたあつたね》、ハインリヒ・ハイネ、アナトール・フランスである。柳田の民俗学や妖怪学は、この三人の思想とつながっている。

平田は江戸後期の国学者であり、その神道思想は幕末の思想界に大きな影響を与えた。柳田は実父の松岡操から平田派神道の教養を受け継ぎ、また平田をとくに崇拝した歌人の松浦萩坪から手ほどきを受けた。松浦は「篤胤の幽冥観に傾倒し、人間は互いに眼に見えないが君と自分とのこの空間も隠世《かくりよ》であって、すべて言うことは聴かれ、することは視られている。」と主張する。柳田は青年期に「そういう教理と信念の手ほどき」を受けていたのである。

平田篤胤
江戸時代後期の国学者・神道家・思想家・医者。その学説は、幕末の尊皇攘夷の支柱となった。

明治三十八年（一九〇五）、三十一歳になった柳田は、雑誌『新古文林』の九月号に「幽冥談」という題で談話を発表している。この談話の冒頭で平田の幽冥教について触れている。

　如何なる宗教でも、宗教の自由は憲法が認めて居るけれども、公益に害あるものは認められない、それで幽冥教は公益に害のあるものであるから、伝道の困難なもので公《おおやけ》に認めることの出来ない宗教という云ふ意味だ、故に幽冥談をするのに、ほかの人の見方と僕の見方と考が違つて居ると云ふのは事実である、ほかの人は怖いと云ふ話でも、どこかで昔話でも聞くやうな考へで聴いて居る、僕はもつと根本に這《は》入《い》つて因つて来《きた》る所を研究しやうと云ふ傾きを有《も》つて居るのです。

この柳田の見方には、「どこの国民でも皆銘々特別の不思議を持つて居る」という考えがあった。この考えに影響を与えたのが、ドイツの十九世紀の詩人・評論家のハインリヒ・ハイネであった。柳田は同談話でハイネの『諸神《しょしん》流竄《りゅうざん》記《き》』を読んで非常に感じたことをつぎのように述べている。

『新古文林』 国木田独歩が編集に携わった文芸雑誌。

『諸神流竄記』 岩波文庫版では『流刑の神々・精霊物語』。キリスト教の席巻により、ギリシアの神々と古代ゲルマンの民族神たちの「その後」を限りない共感をこめて描いたエッセイ。

それは希臘《ギリシャ》の神様のジュピターを始めとしてマルス、ヴィナスと云ふような神様が基督《キリスト》教に負けて、人の住まない山の中に逃込んだ。ジュピターは北国のドンドン雪の降つて居る山の上に逃げ込んだ。此山へ或時猟師が行つた所が非常にやつれた爺さんが右と左に狼を抱へて居炉《いろ》裡にあたつて居る。それから色々話をすると何を隠さう私はジュピターだ。是れまで基督教に対抗して見たけれども、到頭《とうとう》其の勢力に勝てないで、此の山の中に隠れてヤッと余命を保つて居るのであると懐旧の涙に咽《むせ》んだと云ふことが書いてある。

柳田は文学青年時代にこのハイネの思想に親しんだのである。

最後に、柳田に影響を与えたアナトール・フランスはフランスの作家でノーベル賞を受賞している。柳田の歴史意識を深めたのはフランスの『白き石の上にて』で、日露戦争勃発直前に出版されたこの本にはつぎのようなことが記されていた。

ところで、僕にはこの戦争の結末がどうなるかわからないのです。とにかく、ロシア帝国は、政府の無知無策に打ちひしがれ、破廉恥な侵略政策に顔をそむけ、軍司令官の無能力に戦闘力を殺がれた優柔不断の軍隊をもって、日本の軍律厳しい軍隊に対抗させてゐるんですからね。……もしかして日本が、黄色人を白色人に尊敬させることが出来るようなことになれば、日本は人類のために大きな貢献をしたことになるわけだし、また自分では気がつかずに、ことによると自分の希望に反して、世界平和の組織を準備することになるかも知れませんよ。

このようなフランスの思想を、柳田は生涯にかけて何度も読んでは、「言葉は土の中から生まれた。言葉を知らなければ土と人間の関係はわからない」などの思想に感銘を受け、自らの歴史観を深めたという。

ハイネやフランスの本を読み、その理念に心を揺り動かされながら、また生活者としては法制局参事官として明治国家の政策にすべて通じていた柳田にとって、この日露の戦いを契機とした、国家と民衆の行方は限りなく不安なものとして抱かれたのであった。

日本の主体的精神の形成、その精神の担い手であった日本民衆の歴史、すなわち彼らの生活をささえてきた心意信仰の世界と歴史、それこそが掘り起こされ明確にされねばならないと柳田は考えたのだった

（『評伝　柳田国男』）

といわれる。

柳田の読書関心と営為の根底には、父や歌人の師の松浦萩坪から受けた、少年期からの国学、とくにその中でも平田学の「幽冥」の世界観が培われていたからであったという。

『妖怪談義』

柳田の民俗学の中で、その妖怪学は民俗学の一分野を位置付けられている。妖怪研究の必要性は痛感していたようだが、世間で思われているほど熱心に研究されたあとはみえない。

柳田の妖怪学の著作は、昭和三十一年（一九五六）の八十二歳に出版され

た『妖怪談義』がもっとも知られている。そのほかの妖怪学のものは、「幽霊思想の変遷」「狸とデモノロジイ」『巫女考』『一目小僧その他』などがある。現在の妖怪研究者の中には、民間信仰・伝説・昔話なども含めて妖怪に関するものであるとして、柳田の民俗学と妖怪学を強く結びつけようとする主張もある。

　柳田の妖怪学の主著といってよい『妖怪談義』は、三十一の論文などからなる。ここに掲載された論文は昭和十三（一九三八）、十四年に書かれたもので、「自序」は出版のときに書きおろされた。本文にはつぎのような論文などが掲載されている。

　「妖怪談義」「かはたれ時」「妖怪古意―言語と民俗の関係」「おばけの声」「幻覚の実験」「川童の話」「川童の渡り」「川童祭懐古」「盆過ぎメドチ談」「小豆洗い」「呼名の怪」「団三郎の秘密」「狐の難産と産婆」「ひだる神のこと」「ザシキワラシ（一）」「ザシキワラシ（二）」「己が命の早使い」「山姥奇問」「入らず山」「人の市に通うこと」「山男の家庭」「狒々《ひひ》」「山の神のチンコロ」「大人弥五郎」「じんだら沼記事」「付　大太法師伝説四種」「一つ目小僧」「一眼一足の怪」「片足神」「天狗の話」「妖怪名彙」。

この中の「妖怪談義」で、柳田は幽霊とお化けが混同されているとして、つぎのように分析している。少し長いが原文を紹介しよう。

誰にも気のつくようなかなり明瞭な差別が、オバケと幽霊との間にはあったのである。第一に前者は、出現する場処がたいてい定まっていた。避けてそのあたりを通らぬことにすれば、一生出くわさずにすますこともできたのである。これに反して幽霊の方は、足がないという説もあるにもかかわらず、てくてくと向うからやって来た。かれに狙われたら、百里も遠くへ逃げていても追い掛けられる。そんな事は先ず化け物には絶対ないと言ってよろしい。第二には化け物は相手をえらばず、むしろ平々凡々の多数に向かって、交渉を開こうとしていたかに見えるに反して、一方はただこれぞと思う者だけに思い知らせようとする。従うて平生心掛けが殊勝で、何等やましい所のないわれわれには、聴けば恐ろしかったろうと同情するものの、前以て心配しなければならぬような問題ではないので、たまたま真っ暗な野路などあるいて、出やしないかなどとびくびくする人は、もしも恨まれるような事をした覚えがないとすれば、それはやはり二種の名称を混同しているのである。最後にもう一つ、これも肝要な区別は時刻であるが、幽霊は丑みつの鐘が陰にこもって響く頃などに、そろそろ戸をたたいたり屏風を掻きのけたりするというに反して、一方は他にもいろいろの折がある。器量のある化け物なら、白昼でも四辺を暗くして出て来るが、先ず都合のよさそうなのは宵と暁の薄明りであった。人に見られて怖がられるためには、少なくとも夜ふけて草木も眠るという暗闇の中へ、出かけて見た所が商売にならない。しかも一方には晩方の幽霊などというものは、昔から聴いたためしがないのである。大よそこれほどにも左右別々のものを、一つに見ようとしたのはよくよくの物忘れだと思う。だからわれわれは怪談と称して、二つの手をぶらさげた白装束のものを喋々《ちょうちょう》するような連中を、よほど前からもうこちらの仲間に入れていないのである。

柳田のいうお化けと幽霊の違いをまとめると、お化けが出現する場所は決まっているが、幽霊はどこでも出る。お化けは相手を選ぶことはないが、幽霊の現れる相手は決まっている。お化けの出る時刻は宵と暁の薄明かりの「かわたれどき」「たそがれどき」であるが、幽霊は「丑みつ時」である。このようにお化けと幽霊の出現とその時刻を柳田は分類した。
柳田の妖怪学のもう一つの特徴は、妖怪の発生についてのことである。柳田の説は現在の妖怪研究者である小松和彦《こまつかずひこ》氏によってつぎのようにまとめられている。

柳田は日本人の信仰の歴史をふまえつつ、神の零落＝妖怪への人間の対応を「カッパ」を例にしながら四つの段階に区分する。第一段階は人間がひたすら神を信じ、神が現れれば逃げ出すという段階で、カッパ（水の神）が人間の前に出現して相撲をとろう、といっても逃げ出すことになる。その結果、出現場所はカッパの支配地となる。第二段階は神への信仰が半信半疑となる時代で、カッパを水の神として信仰する気持ちがまだある一方で、その力を疑う気持ちを生じてきたというわけである。この時期がカッパが神から妖怪へと変化する過渡期ということになる。第三段階はカッパを神として信じなくなり、知恵者や力持ちがカッパと対決し、これを退治してしまう時代である。カッパが完全な妖怪になってしまったわけで、これが現代（大正から昭和初期の時代）だという。そして第四段階として、

分類
柳田のこの仮説は、現在の妖怪研究者からは、具体的名事例に合致しないものもあると批判されている。

小松和彦
文化人類学者、民俗学者。著書に「神々の精神史」「憑霊信仰論」「異人論」「京都魔界案内」など。

愚鈍な者がカッパにばかにされる程度になり、やがて話題にもされない時代がくる、と予想している。

また柳田は『妖怪談義』の中で「妖怪名彙」として八十の語彙を取り上げて、これについてつぎのように述べている。

怖畏と信仰との関係を明らかにしたいと思って、いわゆるオバケの名前を集め始めてから、もう大分《だいぶん》の年数になる。まだ分類の方法が立たぬのも、原因は主として語彙の不足にあると思うから、今少し諸君の記憶にあたってみたい。……分類には二つの計画を私はもっている。その一つは出現の場所によるもの、これは行路・家屋・山中・水上の大よそ四つに分けられる。行路が最も多く、従ってまた最も茫漠《ぼうばく》としている。第二には信仰度の濃淡によるものだが、大体に今は確信するものが稀で、次第に昔話化する傾向を示している。化け物があるとは信じないが話を聴けば気味が悪いというものがその中間にいる。常の日は否認していて、時あって不思議を見、やや考え方が後戻りするものがこれと境を接している。耳とか目とか触感とか、又はその綜合とかにも分けられるが、それも直接実験者にはつけないのだから、結局は世間話の数多くを、大よそ二つの分類案の順序によって排列してみるの他はない。

このようにして分類された「妖怪名彙」のいくつかを引用して、ここで紹介しよう。

タヌキバヤシ

狸囃子、深夜どこでともなく太鼓が聞えて来るもの。東京では番町の七不思議の一つに数えられ（風俗画報四五八号）、今でもこれを聴いて不思議がる者がある。東京のは地神楽の馬鹿ばやしに近く、加賀金沢のは笛が入っているというが、それを何と呼んでいるかを知らない。山中では又山かぐら、天狗囃子などといい、これによって御神楽岳《おかぐら》という山の名もある。

アズキトギ

又小豆洗いとも、小豆さらさらともいう。水のほとりで小豆を磨ぐよう

番町の七不思議　番町（現在の東京都千代田区）に江戸時代ころから伝承される奇談・怪談。「城家の団子婆」「朽木の幽霊」「狸囃子」「足洗い」「宅間稲荷の霊験」「番町の番町知らず」「八つの拍子木」。

風俗画報　明治・大正期に東陽堂より発刊された風俗雑誌。江戸から明治にかけての世相・風俗を図版にて紹介。

な音がするといい、こういう名の化け物がいて音をさせるともいう。その場処はきまっていて、どこへでも自由に出るというわけでない。大晦日の晩だけ出るという処もある（阿哲）。あるいは狢《むじな》の所行といい（東筑摩）、又蝦蟇《がま》が小豆磨ぎに化けるともいう（雄勝）。不思議はむしろその分布の弘い点にある。西は中国、四国、九州、中部、関東、奥羽にもおらぬという処はほとんとない。なにゆえに物は見もせずに、磨ぐのを小豆ときめたかも奇怪である。あるいはこの怪を小豆磨ぎ婆様、又は米磨ぎ婆と呼ぶ例もある（芳賀）。信州北佐久郡の某地の井では大昔荒神《こうじん》様が白装束で出て、

お米とぎやしょか人取って食いやしょかショキショキ

といいながら、米を磨いでは井の中へこぼしたと伝え、今でも水の色の白い井戸が残っている（口碑集）。この言葉も全国諸処の小豆磨ぎの怪が、口にするという文句であってその話の分布もなかなか弘い。

コナキジジ

阿波の山分の村々で、山奥にいるという怪。形は爺《じじ》だというが赤児の啼声をする。あるいは赤児に化けて山中で啼いているというのはこしらえ話

阿哲 岡山県阿哲郡。現在の新見市。この地方では「小豆さらさら」と呼ばれる。

東筑摩 長野県東筑摩郡。現在の松本市も含む。

雄勝 秋田県雄勝郡。

芳賀 栃木県芳賀郡。

口碑集 『北佐久郡口碑伝説集』。原典では荒神様の歌は、「お米とぎやしょか人とってくはしょか、シャキシャキ」である。

らしい。人が哀れに思って抱き上げると俄かに重く放そうとしてもしがみついて離れず、しまいにはその人の命を取るなどと、ウブメやウバリオンと近い話になっている。木屋平《こやだいら》の村でゴギャ啼キが来るといって子供を嚇《おど》すのも、この児啼爺のことをいうらしい。ゴギャゴギャと啼いて山中をうろつく一本足の怪物といい、又この物が啼くと地震があるともいう。

ヤマバヤシ

山中で深夜どこともなく神楽の囃子がすることがある。遠州阿多古ではこれを山ばやしといい、狸のわざとしている。熊村では日中にもこれを催すことがあって、現に狸が腹鼓《はらつづみ》を打っているのを見たという者さえある(秋風帖)。

オラビソウケ

肥前東松浦郡の山間でいう。山でこの怪物に遭い、おらびかけるとおらび返すという。筑後八女郡ではヤマオラビという。オラビとは大声で叫ぶことであるが、ソウケという意味は判らぬ。山彦《やまびこ》は別であって、これは山

木屋平 現在の徳島県美馬市の一部。

阿多古・熊村 現在の静岡県浜松市天竜区の一部。

秋風帖 柳田国男の書。中部地方・佐渡・熊野を旅したときの紀行文。

響きといっている。

スナマキダヌキ

砂撒狸は佐渡のものが著名であるが、越後にも津軽にも又備中阿哲《あてつ》郡にも、砂まきという怪物がいるといい（郡誌）、越後のは狸とも又鼬《いたち》の所属ともいう（三条南郷談）。筑後久留米の市中、又三井郡宮陣村《みいぐんみやのじんむら》などでは佐渡と同じ砂撒狸と呼んでいる。利根川中流のある堤防の樹でも、狸が川砂を身にまぶして登っており、人が通ると身を振って砂を落としたという話が残っている（たぬき）。

ヌリカベ

筑前遠賀《おんが》郡の海岸でいう。夜路をあるいていると急に行く先が壁となり、どこへも行けぬことがある。それを塗り壁といって怖れられている。棒を以て下を払うと消えるが、上の方をたたいてもどうもならぬという。壱岐《いき》島でヌリボウというのも似たものらしい。夜間路側の山から突き出すという。出る場処も定まりいろいろの言い伝えがある（続方言集）。

郡誌
『阿哲郡誌』。

三条南郷談
『越後三条南郷談』。大正時代の新潟の民俗誌。この中では「スナマキイタチ」と呼ばれている。

たぬき
柳田国男の書。スナマキタヌキの話しは「狸とデモノロジイ」に記載されている。

続方言集
山口麻太郎『続壱岐島方言集』。山口は大正・昭和の民俗学者。

イッタンモメン

　一反木綿という名の怪物。そういう形のものが現れてひらひらとして夜間人を襲うと、大隈《おおすみ》高山地方ではいう。

オイテケボリ

　置いてけ堀という処は川越地方にもある。魚を釣るとよく釣れるが、帰るとなるとどこからともなく、置いてけ置いてけという声がする。魚を全部返すまでこの声が止まぬという。本所七不思議の置いてけ堀などは、何を置いて行くのか判らぬようになったが、元はそれも多分魚の主が物をいった例であろう。

クビナシウマ

　首無し馬の出て来るといった地方は越前の福井にあり、又壱岐島にも首切れ馬が出た。四国でも阿波ばかりでなくそちこちに出る。神様が乗って、又は馬だけで、又は首の方ばかり飛びまわるという話もある。

本所七不思議
本所（現在の東京都墨田区）に江戸時代ころから伝承される奇談・怪談。「置いてけ堀」「馬鹿囃子」「送り提灯」「落葉しない椎の木」「津軽の太鼓」「消えずの行灯」「足洗い屋敷」。

柳田が採集した民俗語彙は、すでに述べたように「山村語彙」「漁村語彙」など二万に及ぶという。その中で、この『妖怪談義』に出てくる「妖怪名彙」は八十語といかにも少ない。

これまで柳田の生涯の中で述べたように、柳田は「民俗学」という用語を最初から使わず、「郷土」「民間伝承」といった。自らの学問がどの程度のものか、かなり慎重に判断する人物であったのだ。

昭和三十一年（一九五六）、八十二歳という高齢になって出版された本に「妖怪学」という題を使わず、『妖怪談義』と名付けたのも、柳田の学問に対する厳密な姿勢から、妖怪研究の現状を表す適宜なものを選んだのではないかと考えられる。そのことは、『妖怪談義』の「序」に、つぎのように書いていることからもわかる。

私は幼少の頃からだいぶこの方面にむだな時間を費やしましたけれども、今となってはもう問題を限定しなければなりません。われわれの畏怖《いふ》というものの、最も原始的な形はどんなものだったのだろうか。何がいかなる経路を通って、複雑なる人間の誤りや戯《たわむ》れと、結合することになったのでしょうか。幸か不幸か隣の大国から、久しきにわたってさまざまな文化を借りておりましたけれども、それだけではまだ日本の天狗や川童、又は幽霊などというものの本質を解説することはできぬように思います。国が自ら識る能力を具《そな》える日を、気永く待っているより他はないようであります。

容赦なき円了批判

円了は安政五年（一八五八）、柳田は明治八年（一八七五）の生まれで、二人の間に十七歳の年齢差がある。

円了は東京大学、柳田は東京帝国大学と、同じ大学で教育を受けた。円了の時代は西洋の学問の移入期であり、柳田の時代は大学教育の確立期という違いがあるが、二人ともその時代のエリートであった。

円了は妖怪学を体系化して提唱したが、柳田は民俗学の一部として妖怪学に取り組んできた。円了は大正八年（一九一九）に死去したので、柳田が活

東京帝国大学
東京大学が明治十九年の帝国大学令により「帝国大学」に改称。のちに京都帝国大学の設置に伴い「東京帝国大学」と改称したのは、柳田が入学した明治三十年のことである。

躍する時期と重なることになるが、二人の間で妖怪学をめぐる論争のようなものはなかった。円了による妖怪学の著作で最後に刊行されたのは、大正八年の『真怪』である。そのように死去の年にいたるまでに多くの著作を残した円了であるが、管見の限り柳田に触れた記述は見当たらない。

一方の柳田は、円了の妖怪学に言及している。明治三十八年（一九〇五）、三十一歳のときに発表した「幽冥談」は、柳田の思想的立場を明らかにしたものとしてすでに紹介したが、平田篤胤の「幽冥教」という神道思想と、ハインリヒ・ハイネの『諸神流竄記』の思想の影響を受けたものである。この談話の中でつぎのように円了の妖怪学を批判している。

僕は井上円了さんなどに対しては徹頭徹尾反対の意を表せざるを得ないのである。此頃妖怪学の講義などゝ云ふものがあるが、妖怪の説明などは井上円了さんに始つたのではない。徳川時代の学僧などに生意気な奴があつて怪異弁談とか弁妄とか云ふやうな物を作つて、妖怪と云ふものは吾々の心の迷から生ずるものであつて決して不思議に思つて怖るべきものでないと言つて居る、それも或点までは方便かも知れない、又徳川時代の学者の説に不可思議説と不可思議でないと云ふ説とある、又物理学に依て説明して居るものもあるが、其の物理学は今見ると固《もと》より一笑に値するので其の愚《ぐ》な事が分る、井上円了さんなどは色々の理屈をつけて居るけれども、それは恐らく未来に改良さるべき学説であつて、一方の不可思議説は百年二百年の後までも残るものであろうと思ふ。

円了の『妖怪学講義』は明治二十六年（一八九三）にはじまり、同二十九年に六分冊にまとめて出版されている。そのため、柳田は円了の『妖怪学講義』を読んだうえで、その学説を批判しているが、柳田の口調は「徹頭徹尾反対の意を表せざるを得ない」というかなり強い反対意見である。

このように、円了の妖怪学を批判した姿勢は、柳田の生涯にわたり変わらなかったものであろう。昭和三十一年（一九五六）、八十二歳で出版した柳田の『妖怪談義』の「序」で、再びつぎのように語っているからである。

第一にはこれが私の最初の疑問、問えば必ず誰かが説明してくれるものと、あてにしていたことの最初の失望でもあったことであります。私の二親は幸いにあの時代の田舎者の常として、頭から抑え付けようともせず、又笑いにまぎらしてしまおうともしませんでした。ちょうど後年の井上円了さんなどとは反対に、「私たちにもまだ本とうはわからぬのだ。気を付けていたら今に少しずつ、わかって来るかも知れぬ」と答えて、その代わりに幾つかの似かよった話を聴かせられました。平田先生の古今妖魅《ようみ》考を読んだのは、まだ少年の時代のことでしたが、あれではお寺の人たちが承知せぬだろうと思って、さらに、幾つもの天狗・狗賓《ぐひん》に関する実話というものを、聴き集めておこうと心がけました。

晩年にまとめられたこの『妖怪談義』でも、柳田は円了の妖怪学の説には反対しており、三十一歳のときの批判と本質的に変わっていないと考えられる。このように、同じ妖怪学という用語を使っても、円了と柳田の立場は両極端になっているのである。

古今妖魅考
平田篤胤の書。天堂と地獄が幻想に過ぎないことを説いた。

狗賓
犬の口をもち、狼のような姿をした天狗の一種。

『遠野物語』の誕生と円了

『遠野物語の誕生』という本がある。この本は題名の示すように、柳田の『遠野物語』の成立過程を中心に追って、それに関連する事柄を取り上げたものである。この本には、柳田の『遠野物語』と円了の関係が分析されている。

この『遠野物語の誕生』では、まず『井上円了の教育理念』という円了に関する本を取り上げ、その特徴を三点にまとめている。

一点目は、時代が急激に変化する中で、円了が日本の主体性を守ろうとしたことだ。大衆を啓蒙することで国を守ろうとし、それは柳田とも共通する動機だといえる。

二点目は、円了の驚異的な巡講回数だ。講演を聞いた人の数も、柳田をはるかに上回るだろう。この巡講の中で円了が明治四十四年（一九一一）に出版した『日本周遊奇談』の項目立ての一部分は、柳田がのちに民俗学の分類体系の中に入れていくものと似た点がある。つまり、柳田は円了の業績を無視したわけではなく、参考にしているのだ。

三点目は、円了の合理的・実証的な精神の尊重である。その中に迷信の打破、妖怪の撲滅がある。「迷信」という翻訳語は円了がつくったといわれているが、逆に柳田は「迷信」という言葉を避け、「民間信仰」という言葉を重視し、迷信を「無知」として片付けられるのではなく、なぜそう考えるのかを知ることが重要だとした。円了の立場とは随分と違っていたのだ。

「妖怪」という言葉は、以前からあるものだが、これを日本に定着させたのは円了である。明治三十六年（一九〇三）に円了は『天狗論』（妖怪叢書第三編）を出版している。円了の著書によって「天狗」が「妖怪」の代表として位置付けられたことを、『遠野物語の誕生』では重視する。なぜなら、柳田が明治三十八年（一九〇五）の「幽冥談」を、柳田は「天狗の話」（明治四十二年）へ発展させたからである。この「天狗の話」は、ちょうど『遠野物語』の草稿本が書き継がれていた時期の柳田の作品である。柳田は円了の使った「天狗」の語彙を受け止め、「遠野物語　一」に導かれて「山男」を発見していったのである。

また円了と柳田の違いは話題の選択や叙述にも表れている。円了は大正三年（一九一四）に丙午出版社より『おばけの正体』という本を出版した。柳田の『遠野物語』の刊行より少しあとになる。ここにいう「おばけ」は「妖怪」と同じ意味である。「円了からすれば、この本は『遠野物語』への逆襲という側面さえもっていたのではないかと感じられる」という。

このように、円了と柳田の関係を追求した『遠野物語の誕生』は、最後につぎのように結論付けている。

柳田は円了の理論を得て明るくなってゆくような人柄ではなかった。一方、円了に傾倒しようとした一人の若者がいた。佐々木喜善である。彼は東京へでてきたとき、二つの希望をもっていたようだ。一つは哲学館で円了の妖怪学の話を聞くこと、もう一つは文学を勉強することだった。けれども、円了の妖怪学には失望したらしい。不可思議な世界を頑なに信じていた喜善からすれば、否定されて納得できるはずはなかった。そうした折に柳田と出会い、その話を理解してくれたわけだから、そちらに身を寄せて行ったのは当然だった。円了の理論を強く批判するという共通認識をもった二人の邂逅から『遠野物語』が生み出されたことは、やはり見逃すことのできない一つのドラマであった。

円了の妖怪学は不思議研究から出発したもので、それを妖怪と名付け、虚怪と実怪にわけた。一般に、円了の妖怪学の目的は、迷信や妖怪撲滅ととらえられている。しかし、それは結果的にそうなったのであり、近代の合理的精神だけが円了の世界ではなかった。さまざまな漠然とした不思議現象を分類し、真の不思議（真怪）を明らかにし、哲学をもって真理の世界をとらえようとしたのである。

柳田の妖怪学は民俗学を出発点としている。現在の民俗学の世界をみると、妖怪の研究はほとんどない。しかし、柳田は「妖怪をふつうの人々の心意伝承に迫る民俗資料として研究することを提唱した」といわれ、民俗学が妖怪を含んだ学問であるというイメージを形成した。柳田の妖怪研究の特徴は、つぎのようにとらえることができる。

一、日本各地の民俗資料を対象とする
二、妖怪と幽霊を区別して妖怪をより重視する
三、妖怪を「零落した神」、つまり神仏や祖霊への信仰が衰退したものとする

なお、現在の妖怪研究は柳田を出発点としているが、柳田の説のすべてが認められ、現代に受け継がれているわけではない。

これまで、円了と柳田の妖怪学をみてきた。これが昨今の妖怪ブームの解明にどのようにつながるのだろうか。円了は妖怪学が時代の進展とともに解明されるだろうといい、柳田は百年後には自分の説の正しさが明らかになるだろうといっている。

私は昨今の妖怪ブームが円了や柳田の時代のものと異なっているように思っている。あの時代、妖怪を恐怖や畏怖の対象として民衆はとらえ、妖怪も人々の生活に根ざしていた。

しかし、現代のほとんどの日本人が同じように妖怪を感じてはいない。では、現代では「妖怪」をどのように意識し、どのように感じているのだろうか。つぎの章で、私なりの視点から分析してみたいと思う。

第三章

日本人はなぜ妖怪が好きなのか

「信じているもの」とは

妖怪ブームはいつからはじまったか

私が研究員をしている東洋大学井上円了記念学術センターに、ここ数年、円了の写真を貸してほしいという申請が年に数件来るようになった。十年前は、決まって雑誌の夏の怪談企画で写真を貸したものだが、その数は限られていた。

単行本に円了の写真を掲載することも多くなってきたが、そのほとんどは妖怪の解説の最後に、付け足すように「妖怪学の創始者」として紹介されているのである。なぜ、近年、妖怪関係の出版が多くなったのであろうか。

笑い話ではあるが、十年前に「不思議博士・井上円了」と題して、テレビ番組が制作された。私はその制作のお世話をして、円了の生涯や妖怪学関係の資料などを貸し出していた。番組は無事にできたが、その放映の話を聞いた大学関係者が心配して、私はよく呼び出された。

「東洋大学＝妖怪大学というイメージになって志願者が減ったら、君はどう責任を取るのか」と真顔で詰問されたこともあった。もちろん、番組は客観的に円了の妖怪学者としての姿をとらえたもので、「教育テレビの番組のようだった」と胸を撫で下ろしたという首脳陣もいた。

その後、大学側の姿勢も大きく変わったものである。最近では「妖怪学講義」が正式な授業として行なわれるようになった。また、二〇一一年には新たな視点から、「〝妖怪博士〟井上円了の不思議な世界」というテレビ番組が放映された。円了の見直しが進んでいるのだろう。

さて、なぜ身近な自然が減り、合理的な考え方が浸透したいまになっても妖怪が愛されているのか、私なりの見方を簡単に書いておこう。

戦後の日本人は戦争に負けて、「神も仏もあるものか」といって伝統の習俗を否定し、アメリカ民主主義を取り入れ、新たな西洋の思想を吸収した。その思想は合理的なものを尊重し現世を重視するというもので、自然を生活に取りこみ死者を身近に感じてきたこれまでの日本の思想とは全く価値観の違うものであった。

また自由主義と社会主義のイデオロギーの対立が続き、この対立がソビエト連邦の崩壊により解消されてから、ほどなく日本人の思想は行き詰まったように考えられる。すでに、人口の都市集中は完了し、村落共同体は崩壊し、維持されてきた村の儀式は空洞化の傾向を強めていた。

日本社会の構造が変化して、「戦後」の意味も終わってきたのは、各種の統計などによると、昭和でいえば四十年代後半からであろう。日本人の思想が行き詰ってきたころ、私は思想にかわって民族の伝統が取り上げられるようになったと感じていた。民俗学が注目を集めるようになったのである。各地に歴史博物館が設立されはじめたのもこのころだ。ちなみに『ゲゲゲの鬼太郎』がはじめてアニメ化されたのは昭和四十三年（一九六八）である。

しかし、伝統に日本人らしさを求めることには限界があった。すでに社会は国際化・情報化の時代に入っていたからであろう。極度に合理化された社会は、どこかにそれと異なるものを求める。このころ、西洋でも哲学・宗教・思想は新たなものを創造できていない。日本人も生活の中で思想することを忘れてしまったようだった。このときに、以前から徐々に現代化されてきた「妖怪的なもの」が取り上げられるようになったのではないか。

ゲゲゲの鬼太郎
水木しげるによる漫画。主人公の幽霊族の少年鬼太郎が妖怪達と繰りひろげる物語で、昭和四十三年にアニメ化。以後、半世紀以上にわたりさまざまな関連作品がつくられている。

円了や柳田の時代の妖怪は、恐怖と畏怖の対象であったが、現代の妖怪は「おもしろいもの」「楽しいもの」ととらえられ、ファッションやファンタジーの世界のものと位置付けられている。なぜ、現代の日本人がこのような妖怪を受け入れているのか、私は宗教などの意識に関係していると考えている。そこで、つぎに統計的な分析から現代の日本人のものの見方・考え方、生き方などの条件を取り上げ、妖怪ブームとの関係を考察することにしたい。

高校生はなにを信じているのか

高校生が「信じているもの」に関する調査がある。東京五十キロ圏に在学する十五〜十八歳が対象である（一九九五年）。このころの若者がどのようなものを信じていたのか、その結果（複数回答）をみると、第一位は「霊」で47％と半数がその存在を信じている。つぎが「UFO」で34％、これについで「占い」30％となっている。これ以外は30％未満で、「血液型性格判断」「神社などのお守り」「死後の世界」「超能力」「前世の存在」「神仏の存在」「たたり」「おまじない」「手相」と続く。「この中で、信じているものはひとつもない」

は19％であり、多くの高校生がなにかを信じようとしているのが読みとれる。

この調査で注目されるのは、男女の差が回答に表されていることである。女子生徒が男子生徒より回答率が10％以上高いものは、「占い」「血液型性格判断」「神社などのお守り」が40〜30％で、「前世の存在」「おまじない」「手相」も男女の差がある。これに対して、男子生徒が女子生徒よりも10％以上高いものは「UFO」40％、「この中で、信じているものはひとつもない」36％となっている。女子生徒の方が男子生徒よりも「何かを信じている」傾向が強いのである。

この高校生に関する調査結果をみると、若者に妖怪を好む前提として、霊、UFO、占いなどを信じる気持ちが存在しているように考えられる。このとき調査に回答した高校生は、現在三十歳代に入っている。このような人々が、昨今の妖怪ブームを支えているのだろうか。

私が現代の大学生に授業で、「あなたたちは妖怪を信じていますか」と聞いたところ、学生はきょとんとしていて、ほとんどが信じていないと答えた。ただ、授業の評価を書く紙には、二人の学生が明確に「妖怪はいる」と記していた。多くの学生は曖昧な態度だったのかもしれない。

つぎに、現代の日本人の価値観やものの見方が、妖怪ブームとどのよう関係しているのか、この点について「日本人の意識」を一九七三年から五年ごとに調査してきたNHK放送文化研究所の結果をみてみたい。最新の調査は二〇〇八年のものである。ここでは妖怪ブームと関係すると思われる「信仰・信心」の結果を取り上げる。

質問では「宗教とか信仰とかに関係すると思われることがら」を八つの回答にまとめ、信じているものを複数回答で求めている。もっとも多いのは、「仏」と「神」である。「仏」を信じている人は42・2%、「神」は32・5%である。これについでいるのは「奇跡」で17・5%、「お守り・おふだの力」17・4%、「あの世・来世」14・6%である。これ以外は10%未満で、「易・占い」6・6%、「聖書・経典の教え」6・4%となっている。これらの項目を全く信じていない人は23・5%である。

この調査では一九七三年から三十五年間に、日本人の価値観がどのように変化しているのか、この点を比較してみることができる。一九七〇年代は、オカルトブーム、さらには占いブームなどが起きた。「超能力や霊能ブーム

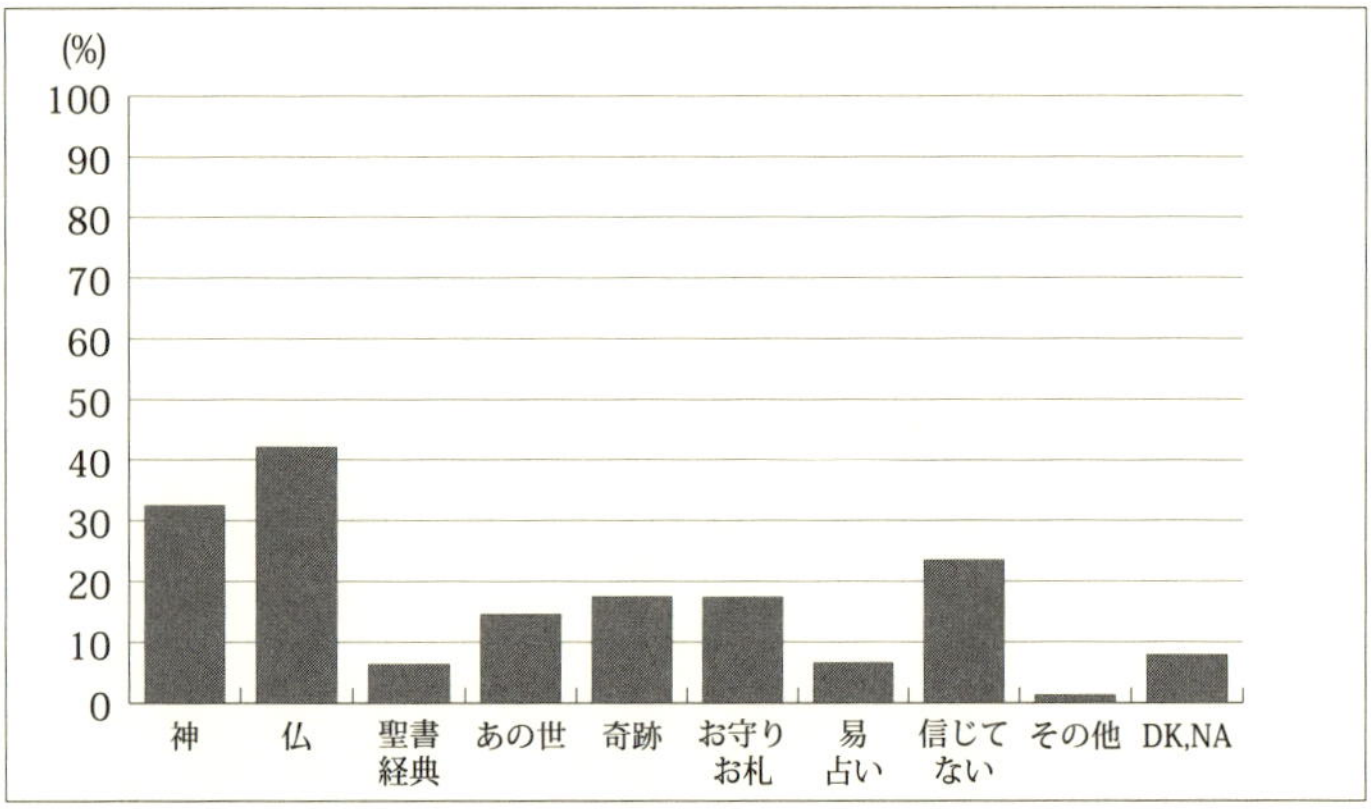

第８回「日本人の意識・2008」「信仰・信心」より作成　（ＮＨＫ放送文化研究所）

は、これがはじめてのことではないが、高度経済成長が終わりを告げ、オイルショックが生活を直撃する中で、将来への不安が増したことが、こうしたものを受け入れる要素となったと考えられる」という。社会のあり方と信じるものに相関関係があるとみられている。九〇年代は地下鉄サリン事件をはじめとするオウム真理教による事件が発生し、この影響か、「信じていない」という人が増加した。

　では、最近の傾向はどのようになっているのだろうか。この調査の分析者はつぎのように述べている。

地下鉄サリン事件
一九九五年三月二十日に宗教団体オウム真理教が起こした同時多発テロ事件。

最近の五年間では前記の二度の時期のように、《信じていない》という人の増減こそみられないが、《仏》《あの世》《奇跡》《お守り・おふだの力》が再び増加している。

宗教に関わるここ数年の事象としては「スピリチュアル（スピリチュアリテー）」という言葉が広く使われるようになったことがあげられる。もともとは「霊性」「精神性」を意味する言葉だが、人生相談や生き方の指針についての悩みや疑問を、前世との関連や先祖の霊などによって解決に導くといったテレビ番組や出版物などでもこの言葉が用いられるようになった。《神》《聖書・経典の教え》ではなく、《あの世》《奇跡》といった「宗教的なもの」を信じる人がそろって増加したのは、こうした状況と関係している可能性も考えられる。

日本人の宗教的行動

「日本人の意識」調査では、もう一つの側面として、「宗教的行動」に関しての質問をしている。もっとも多いのは「年に一、二回程度は墓参りをしている」で、68・4％と半数を超えている。つぎが、「お守りやおふだなどで、魔よけや縁起ものを自分の身のまわりにおいている」の34・9％、「この一、二年の間に、身の安全や商売繁盛、入試合格などを祈願しにいったことがある」の29・7％である。これについでいるのが、「この一、二年の間に、おみくじを引いたり、易や占いをしてもらったことがある」の25・3％である。これ以外は10％台で、「おりにふれ、お祈りやお勤めをしている」12・4％、「ふだんから、礼拝、お勤め、修行、布教など宗教的なおこないをしている」12・3％、「聖書・経典など宗教関係の本を、おりにふれ読んでいる」5・4％である。そして、「宗教とか信仰とかに関係していると思われることがらは、何もおこっていない」は8・7％である。

日本人のこれらの宗教的行動が、この三十五年間でどのようになったのか、この点についてはつぎのように分析されている。

どの時代も《墓参り》が最も多く、常に60％を超えている。《お守り・おふだ》は八三年には36％にまで増えたが、その後九八年には31％に減少した。しかし二〇〇三年以降は35％に回復している。《おみくじ・占い》

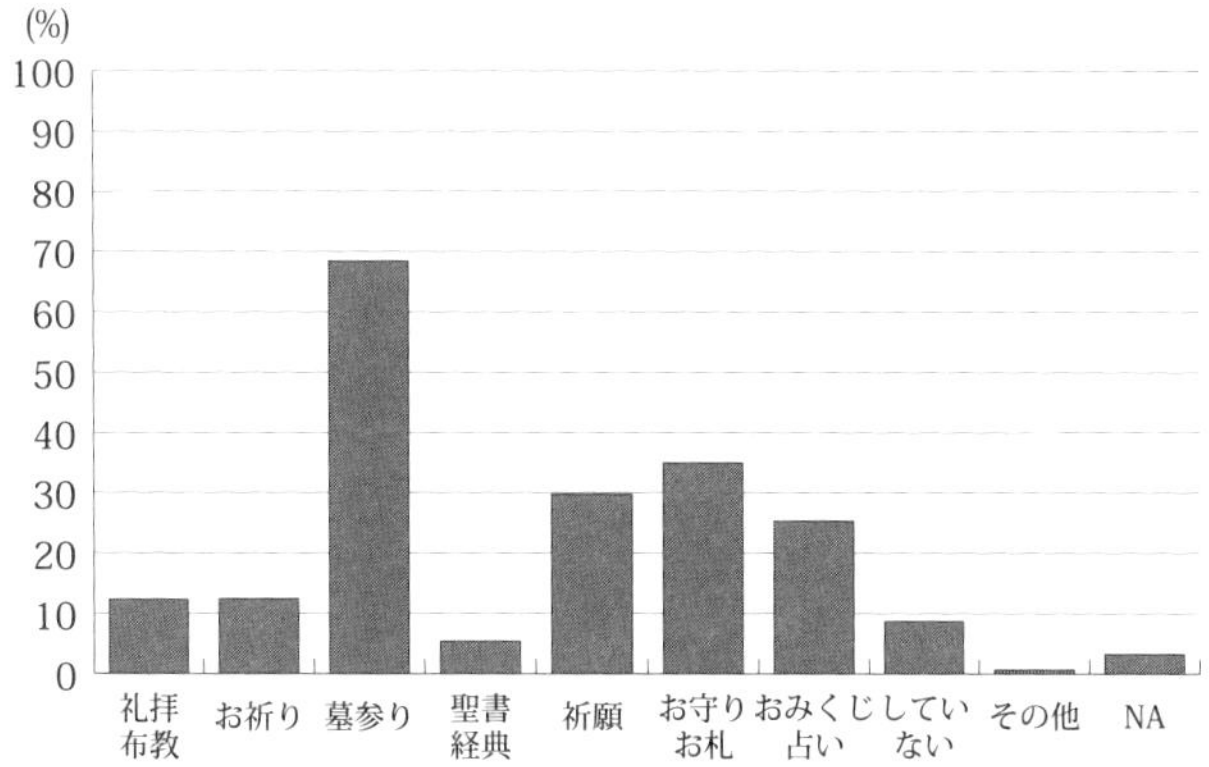

第８回「日本人の意識・2008」「宗教的行動」より作成　（ＮＨＫ放送文化研究所）

は、七三年には19％だったものが、七八年に23％に増加し、二〇〇八年には25％とこれまで最も多くなった。三十五年前と比べて増加しているのは、この三つと《祈願》で、反対に減少したのは《お祈り》《礼拝・布教》《聖書・経典》《していない》である。なお、この五年間に増減があったのは《していない》だけである。

三十五年間を通じてよくおこなわれているのは、墓参りのような伝統的な儀礼や、占い、利益祈願といった現世利益的な行動で、お祈りや布教活動のような自己修養的な行動は、長期的には減少傾向にある。

年齢階層別ではどのように変化しているのだろうか。妖怪ブームに関係している事項をみておこう。

《おみくじ・占い》は、どの時代でも若年層で高い。また中年層でもこの十年間に大幅に増加し、30％に達している。

最後に、「信仰・信心」と「宗教的行動」にどのような関係があるか、この点を取り上げておこう。お守りやおふだを身のまわりにおいている人は一九七三年と二〇〇八年、どちらも三人に一人程度だが、そうした行為が信仰や信心に結びついているかというと、必ずしもそうではないだろう。日本の宗教に関する意識や行動はこのようにやや複雑な構造をもっている。昨今の妖怪ブームは、このような日本人の宗教構造とは無関係ではない。「おみくじ・占い」が若者に多いのは現代の特徴ではないか。

私は円了の足跡をたどる旅で、学生たちの研修旅行につきそったことがある。円了が学んだ東本願寺を拝観して、その教えを聴いたあとで、教団から記念品として学生に簡易な数珠が寄贈された。みていると、学生は早速手に数珠を掛けていた。

われわれのような昭和の二十年代生まれは、数珠をかけるとは「信仰している」ことを明らかにするものだと考えている。しかし、現代の学生にとって、数珠はファッションの一つか、あるいは調査で指摘するように、「お守りやおふだ」と同じにとらえているのだろうか。宗教や信仰と無関係に、妖怪グッズにも同じような感覚で接している可能性があるだろうと考えさせられた。

つぎに、日本人の宗教・価値観の構造の特徴をみてみよう。

妖怪を消極的に認める国民性

妖怪ブームと国民性の関係

昨今の妖怪ブームは、日本人の国民性とどのような関係があるのだろうか。統計数理研究所は、戦後の昭和二十八年（一九五三）から五年ごとに「日本人の国民性」の調査を続けてきている。最近の調査は二〇〇八年で、十二回目を数える。五十五年という長期間の間に国民性はどのように変わらなかったのか、あるいは変わったのか、こういう視点から意識と行動を知ることができる貴重な調査である。

宗教についてみてみよう。「宗教についておききしたいのですが、あなたは信仰とか信心とか持っていますか。」と面接発問したところ、「もっている、信じている」は二〇〇八年では27％、「もっていない、信じていない、関心がない」は73％となっている。この質問は第二回から実施されているので、

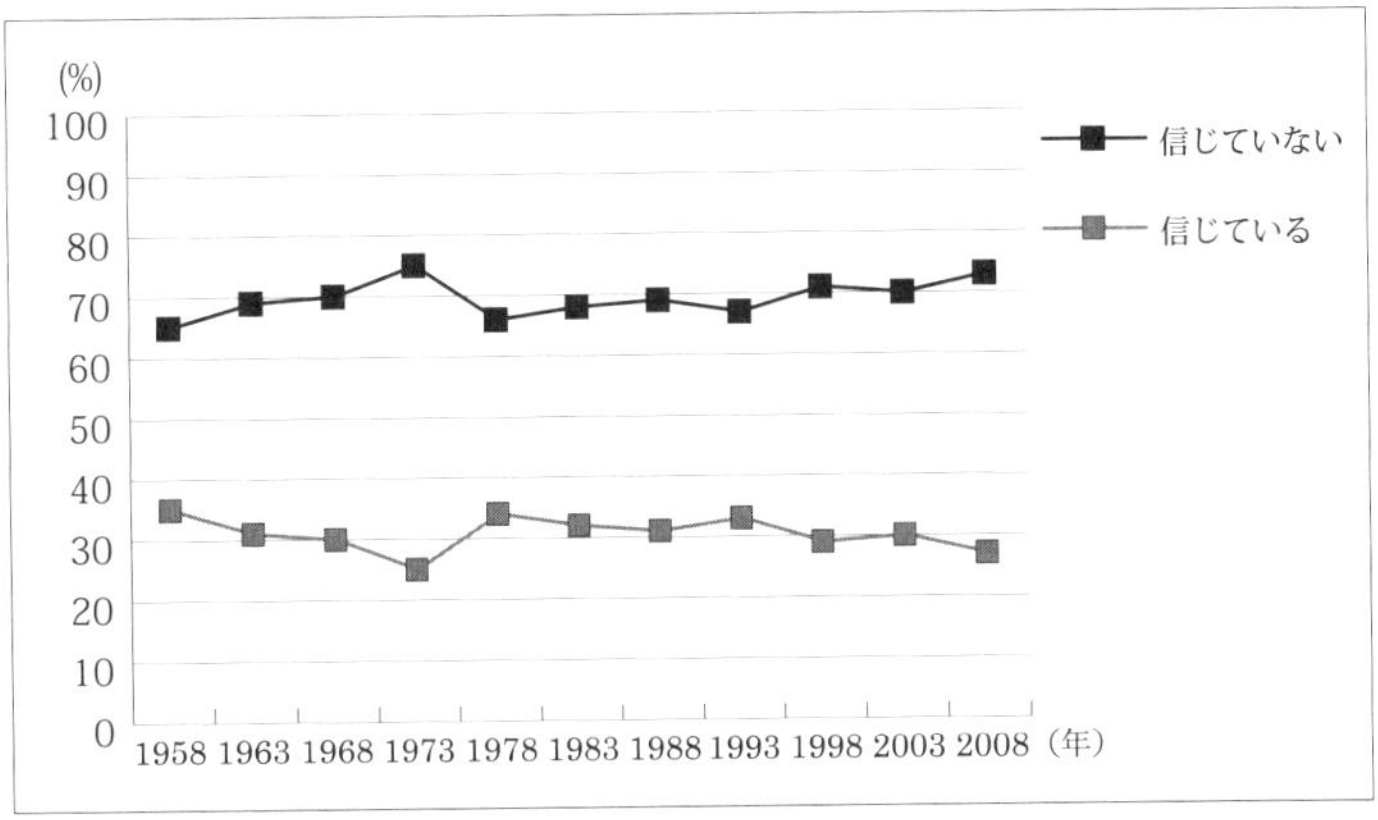

「日本人の国民性」2008年「宗教を信じるか」より作成　(統計数理研究所)

この五十年間で「信じている」の最高は35％、最低は25％で、反対に「信じていない」の最高は75％、最低が65％である。回答状況の変化は比較的少ないものである。

信仰心について、世界の諸国と比べてみよう。

一九八七年〜二〇〇九年の調査のまとめとして、東洋英和女学院大学の林文氏はつぎのように述べている。

国際比較として考えると、まず、〝信仰あり〟の割合の高いのはインド、イタリア、アメリカ、シンガポール、旧西ドイツが七割以上、台湾が七割前後、次いで、イギリス、フランス、オランダが六割台、韓国が五割程度、香港が三割台で日本が三割前後、そして中国本土の各地域が一～二割程度となっている。中国については、宗教を否定する政治的な指導に影響を示すものと考えられる。最近の世界の信仰の状況については、二〇〇五年、二〇〇六年に実施された「世界価値観調査（World Value Survey)」がある。質問文も異なるが、報告書（電通総研・日本リサーチセンター、二〇〇八）から、「現在何か宗教をお持ちですか」で宗教名等を挙げた割合を、「信仰あり」としてみると、日本は37％、韓国71％、香港28％、イタリア88％、アメリカは72％、ドイツ57％、フランス50％、イギリス50％、オランダ51％となっている。欧米については、十五年以上前の「七か国調査」よりも10％低い値であるが、「信仰あり」の減少を示すのかは明らかでない

日本人の宗教観を表すものとして、この国民性調査では、「宗教的な心は大切か」という質問をしている。当初は信仰者のみに発問したが、途中から信仰をもたない人を含めて全員に聞いている。

世界価値観調査
世界の異なる国の人々の社会文化的、道徳的、宗教的、政治的価値観を調査する国際プロジェクト。

まず、二〇〇八年の調査結果をみておこう。質問文は「それでは、いままでの宗教にはかかわりなく、『宗教的な心』というものを、大切だと思いますか、それとも大切だとは思いませんか？」である。回答の状況は「大切」が69％、「大切でない」が19％、「その他」2％、「無回答」が11％と、「宗教的な心が大切である」という人の割合は70％に近い高率である。五十年間の比較をみると、「大切」の最高値が80％、最低値が68％とほぼ70％台で安定している。

一九七〇年代から「日本人の国民性調査」は国際比較調査に発展していくが、その際「宗教的な心」をどう翻訳するのかという問題となり、「宗教的な心」という考え方が日本独自のものであることが認識された。信仰をもたないことの意味が、西洋とは異なるのである。

「宗教的な心が大切である」という回答は、年齢層によって異なり、若年層での割合は低く、高齢層では高いという、加齢による変化がみられるものである。

五十年間の全体をみると、「宗教的な心が大切である」と答える割合は減ってきているものの、近年は数値が安定している。年齢層別では、三十歳代では減少傾向が続いているが、これは一九九〇年代のオウム真理教などのカルト的宗教教団による事件の影響だろう。

ともあれ、「日本人の国民性調査」で、「信仰あり」＋「宗教的な心は大切である」という回答は、国民の大多数意見の一つとなっている。このような日本人の固有な宗教に関する構造は、昨今の妖怪ブームにどのように結びついているのだろうか。

日本人の宗教や信仰は、神と仏、両方を信じるように、もともとシンクレティズムに基づいている。特定の宗教を信じる人もいれば、さまざまなものを信仰対象にもつ人がいる。すでにみたように、「信じている」人の割合と「宗教的な心は大切である」人の割合は大きく異なる。日本人の宗教的な心は、あれこれと多くの習俗を認め、積極的に信仰しなくても、消極的に肯定するものだろう。妖怪は宗教と関係し、習俗と関係する。そのため、深い宗教意識から妖怪を否定するのではなく、「宗教的な心は大切だ」という軽い感覚で、人々は妖怪ブームに接しているのではないだろうか。

シンクレティズム
重層信仰。日本の神仏習合以外では、ヒンズー教と仏教の習合などがある。

戦後から変化した新しい価値観

時代による日本人の価値観の変化はあるのだろうか。統計数理研究所の「日本人の国民性調査」では、人々のくらし方について質問している。「人のくらし方には、いろいろあるでしょうが、つぎにあげるもののうち、どれが一番、あなた自身の気持ちに近いものですか?」と発問し、回答にはつぎの七つを用意している。

一　一生けんめい働き、金持ちになること
二　まじめに勉強して、名をあげること
三　金や名誉を考えずに、自分の趣味にあったくらし方をすること
四　その日その日を、のんきにクヨクヨしないでくらすこと
五　世の中の正しくないことを押しのけて、どこまでも清く正しくくらすこと
六　自分の一身のことを考えず、社会のためにすべてを捧げてくらすこ

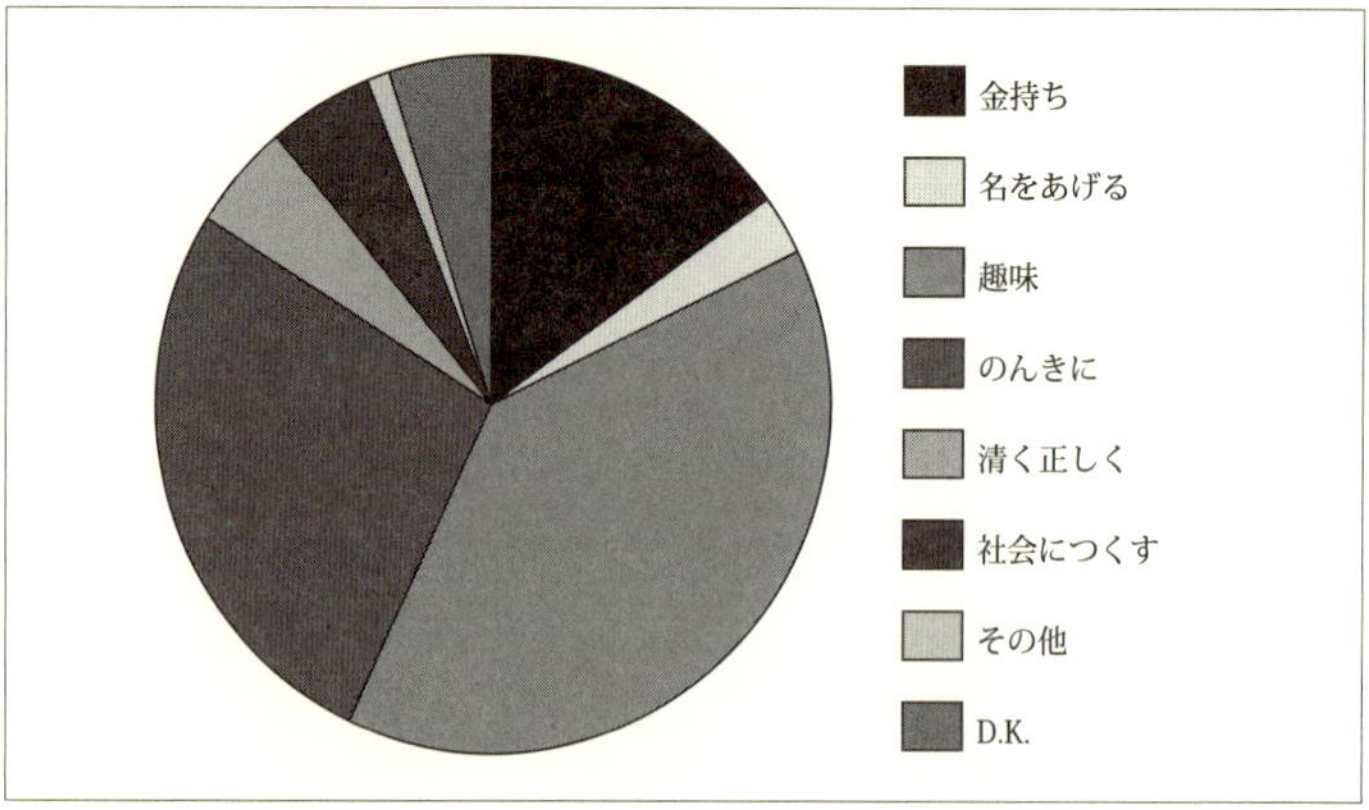

「日本人の国民性」2008年「くらし方」より作成　（統計数理研究所）

と

七　その他

二〇〇八年のくらし方に関する調査結果を回答率の高い順にならべると、「三　趣味」39％、「四　のんきに」27％、「一　金持ち」15％、「五　清く正しく」「六　社会につくす」「無回答」がそれぞれ5％、「二　名をあげる」3％、「七　その他」1％となっている。「趣味」と「のんきに」を合わせると66％になり、現代人のくらし方を表している。

ただし、日本人がこのようなくらし方を選んだのは、戦後の直後からではない。昭和二十八年（一九五三）

の結果は、「五　清く正しく」29％、「三　趣味」21％、「一　金持ち」15％、「四　のんきに」11％、「六　社会につくす」10％などとなっており、これが変化して現在のようになっている。その変化は、「趣味」と「のんきに」の回答率の伸びであるが、「趣味」は六〇年代に30％を超え、七〇年代に40％に近づいた。「のんきに」も六〇年代に20％を超え、以後は20％台を推移している。このようにみると、日本人のくらし方という価値意識は、六〇～七〇年代になって構造的に大きくかわって、現在まで定着しているといえる。

日本人の価値観が六〇～七〇年代に変化したとすれば、どのように変わってきたのであろうか。この「日本人の国民性調査」ではいくつかの質問を選択して、「伝統対近代」という分析をしている。質問を簡単に示すと、「他人の子供を養子にするか」「しきたりに従うか」「自然と人間との関係」「日本と個人の幸福」「政治家にまかせるか」「子供に『金は大切』と教える」の六つの質問である。

この質問からは、伝統を否定し、近代化を推し進めるという価値観が崩壊しはじめ、伝統も近代化も、ともに大切にするという考え方が明らかになった。具体的には、一九七八年から近代的価値観を大切にする回答に伝統を大切にする回答が入り込み、一九八八年以後は、伝統回帰の傾向がさらに明確になってきたという。

一九七八年の伝統―近代の崩れで、若い年齢層に伝統的な意見が多く支持されるようになった。しかし、近代化を否定せずに伝統を大切にするという考え方は、旧来の伝統回帰ではないようにみえる。

このことは昨今の妖怪ブームとどう関係するのであろうか。若者は幼いころからテレビの妖怪番組をみてきた。テレビが果した役割は大きいと考えられるが、これらのキャラクターが町おこしに位置付けられ、さまざまな展示品となっている。

その町を訪れ、展示品をみた若い女性に、私は聞いてみた。「どんな感じだったの？」答えは「かわいいし、おもしろくて、楽しかった」という。彼女がみた妖怪の中には伝統的なものが多かったが、妖怪という「妖しいもの」に接してきたというよりは、見慣れたキャラクターが作品として展示されていて、親しみを感じたということであった。

近代―伝統という戦後の日本人の考えの筋道が崩壊し、「趣味に生きる」「のんきに生きる」時代では、伝統的なものをみる見方が変わり、妖怪の意味も変化して、恐怖や畏怖をもたらす「妖しいもの」というタブーがなくなった。そこに昨今の妖怪ブームが成立しているのではないだろうか。

宗教とはいえないなにかを信じたい気持ち

日本人の宗教行動についてはすでに「日本人の意識」調査でみてきたが、もっとも多いのは「墓参り」でおよそ70％に近い割合で、先祖祭祀が国民の特徴になっている。「日本人の国民性調査」では、「あなたはどちらかといえば、先祖を尊ぶ方ですか、それとも尊ばない方ですか？」と、先祖に対する意識を聞いている。

二〇〇八年の調査結果は、「尊ぶ方」64％、「普通」25％、「尊ばない方」10％、「その他」0％、「無回答」1％となっている。

つぎに、この五十五年間についてみておこう。一九五三年の戦後間もないころは、「尊ぶ方」77％、「普通」15％、「尊ばない方」5％と、

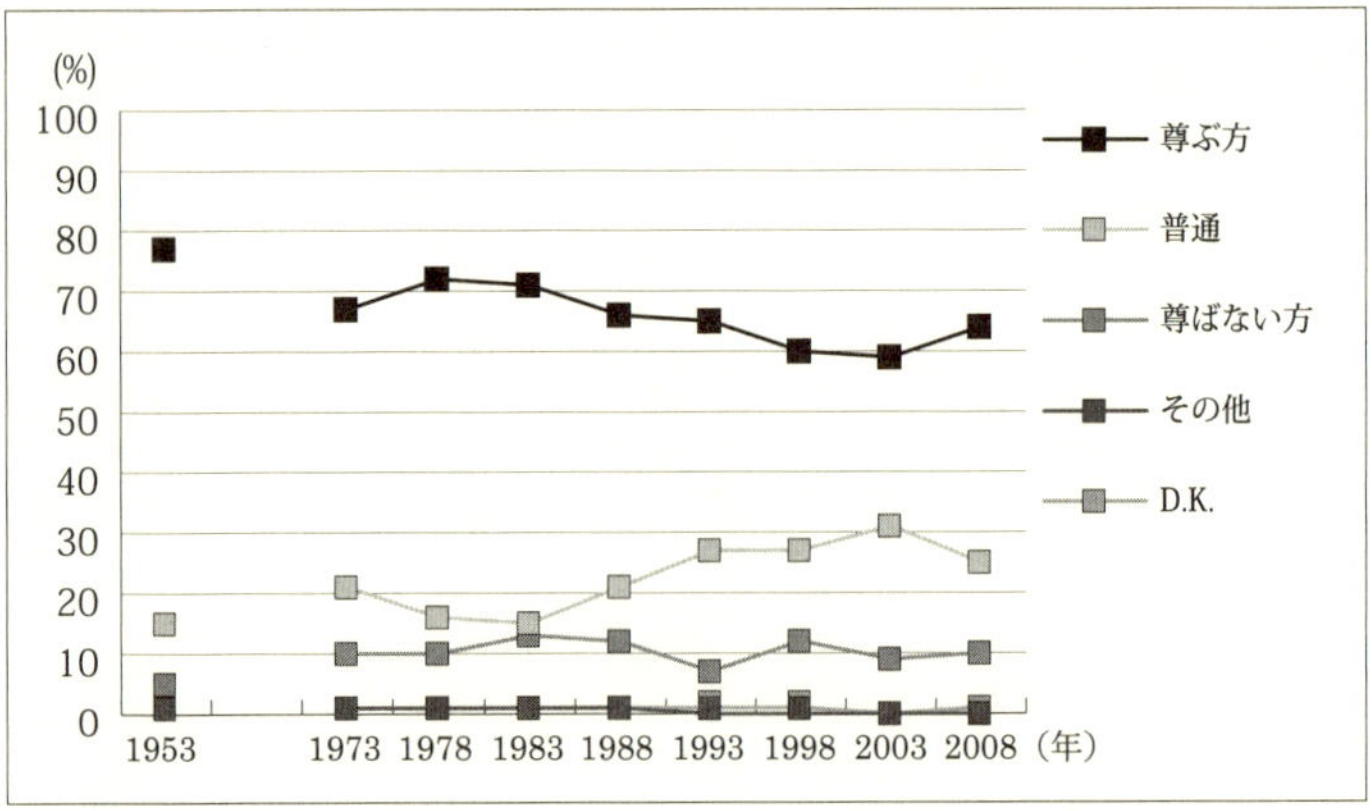

「日本人の国民性」2008年「先祖を尊ぶか」より作成　(統計数理研究所)

最近の調査と比較すると、「尊ぶ方」が圧倒的に多かった。そのため、その後の十五年間は調査されていなかったが、一九七三年に再び質問してみると、「尊ぶ方」67％、「普通」21％、「尊ばない」10％となっていて、日本人の先祖観に変化があることが示された。

これ以後、毎回にわたり調査されていて、「尊ぶ方」は72～65％の間を推移している。これは、「普通」の数値に影響されているものでもあった。「尊ばない方」は10％前後で推移しているからである。

ところが、「尊ぶ方」が一九九八

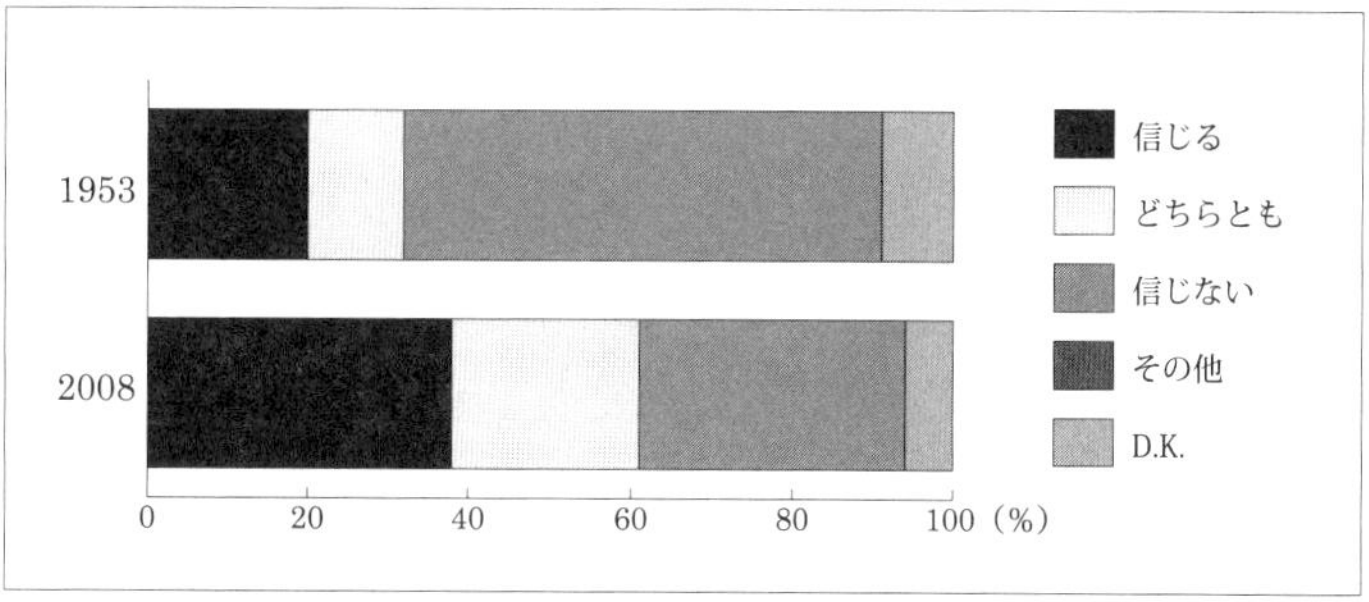

「日本人の国民性」2008年「あの世を信じるか」より作成　（統計数理研究所）

年に60％、二〇〇三年に59％となって、先祖を尊ぶという意識が薄れてきたのかと思われる結果が出てきた。しかし、最近の二〇〇八年では64％で、50％台への減少はみられないが、「普通」を支持する意見は30％前後で、日本人の先祖観が再び変化するのか、注目されるところである。

最後に、「あの世」に関する調査結果をみておこう。「日本人の国民性調査」の第一回、一九五三年にこの「あの世」に関する質問が行なわれている。その後の調査では取り上げられず、二〇〇八年の調査で五十年振りに発問された。

「あなたは『あの世』というものを、信じていますか？・」と、一九五三年の戦後間もないころに質問したところ、回答の割合の高さは、「信じてはいない」59％、「信じる」20％、「どちらともきめかねる」12％、「その他」0％、「無回答」9％であった。圧倒的に「信じない」という回答が支持されていた。

では、最近の二〇〇八年の結果はどうかというと、「信じる」38％、「信じない」33％、「どちらとも」23％、「その他」0％、「無回答」6％という結果になって、大きくみると、「信じる」「信じない」「どちらとも」に回答の支持が三分されるようになった。調査がなかったので、五十年間の詳しい変化は知ることができないが、日本人の宗教観が大きく変わりつつあることは明らかであろう。

日本人の宗教のあり方は、「信じていること」と「信じてなくても宗教的な心は大切である」という固有の構造をもっていた。これらは最近の調査では、支持の割合が減少してきている。

一方で「あの世を信じる」の割合は増加しており、若い年齢層でとくに信じる人が多い。別の調査でも死後の世界を信じるのは若年層が多く、「宗教」とは別ものとして「あの世」「死後の世界」「霊魂」が認識されているようだ。

死や自然へのおそれ、科学では解明できない神秘は、いまだに人をひきつけてやまない。しかし、このような理解不能なものに接しても宗教団体への信頼感は低く、宗教に代わるものとしてスピリチュアルなどが流行したと分析される。

これは妖怪ブームとどのようにつながっているのだろうか。

昨今の妖怪ブームはブームとして一過性のものなのか、あるいはさらに伝統思想として発展するものなのだろうか。まだ判断を下すには早いと思われる。

高度に合理化・管理化された日本社会では、仏教などの宗教を含めた伝統的な価値観をもう一方で必要としているのだろうか。私は現代の日本が政治的・経済的・文化的に行き詰まっていると思っている。日本人は「あれか、これか」ではなく、「あれもこれも」という価値観が特徴であるといわれている。オカルト、スピリチュアル、妖怪というブームに商業的なものが果した役割は少なくない。しかし、日本人が普通の生活以外に求めるなにかが、妖怪をおもしろがる気持ちに重なっているのではないか。

なぜ日本人は妖怪が好きなのか。知恵がついても日本人は妖怪をいまだに

宗教団体への信頼感
「東アジア価値観調査」の日本調査（二〇〇二年）の信頼感の質問では「宗教団体」に対する信頼感をみると、四選択肢の「あまり信頼しない＋全く信頼しない」が80％にのぼる。

追い求めている。心が満たされたとき、はたして妖怪はいなくなるのだろうか。

妖怪博士は、この時代にどのような道筋をみせてくれただろうか。

参考・引用文献

『井上円了選集』第十六巻〜第二十一巻、東洋大学、一九九九〜二〇〇一年（柏書房版『井上円了・妖怪学全集』は同版）
『井上円了先生』東洋大学校友会、一九一九年
井上玄一「妖怪博士の遺産　父円了を語る」『別冊週刊サンケイ』一九五七年七月
石井正己『遠野物語の誕生』若草書房、二〇〇〇年
板倉聖宣『かわりだねの科学者たち』仮説社、一九八七年
一柳廣孝『〈こっくりさん〉と〈千里眼〉』講談社選書メチエ、一九九四年
NHK放送文化研究所編『現代日本人の意識構造［第七版］』日本放送出版協会、二〇一〇年
『国民性の研究　第十二次全国調査　二〇〇八年全国調査』統計数理研究所、二〇〇九年
菊池章太『妖怪学講義』講談社、二〇一〇年
小松和彦編著『図解雑学　日本の妖怪』ナツメ社、二〇〇九年
小松和彦『妖怪学新考』小学館、一九九四年
小松和彦『妖怪文化入門』せりか書房、二〇〇六年

柴田隆行「井上円了の妖怪学を通して唯物論を考える」『井上円了センター年報』二〇一〇年
柴田隆行「哲学の旅へ」『サティア』四十五号、二〇〇二年
田中聡『怪物科学者の時代』晶文社、一九九八年
電通総研・日本リサーチセンター編『世界60カ国　価値観データブック』同友館、二〇〇四年
新田幸治他編訳『甫水井上円了漢詩集』三文舎、二〇〇八年
日本能率協会総合研究所編『日本人の価値観　データで見る30年間の変遷』生活情報センター、二〇〇五年
『日本の妖怪の謎と不思議』学研パブリッシング、二〇一〇年
林知己夫『日本人の国民性研究』南窓社、二〇〇一年
林文「現代日本人にとっての信仰の有無と宗教的な心　日本人の国民性調査と国際比較から」『統計数理』二〇一一、二〇一〇年
牧田茂編『評伝　柳田國男』日本書籍株式会社、一九七九年
三浦節夫「井上円了」『月刊歴史読本』二〇一〇年二月号
三浦節夫他『井上円了の教育理念』東洋大学、一九八七年
三浦節夫「井上円了の全国巡講」『井上円了選集』第十五巻、東洋大学、一九九八年
三浦節夫「井上円了の妖怪学　その提唱と展開」『井上円了センター年報』二〇〇一年

三浦節夫「勝海舟と井上円了」『井上円了センター年報』一九九八年
水木しげる『水木しげるの遠野物語』小学館、二〇一〇年
水木しげる『妖怪なんでも入門』小学館、一九七四年
宮田登『宮田登日本を語る　一三　妖怪と伝説』吉川弘文館、二〇〇七年
宮田登『妖怪の民俗学』岩波書店、一九八五年
武良布枝『ゲゲゲの女房』実業之日本社、二〇〇八年
柳田国男『妖怪談義』講談社学術文庫、一九七七年
柳田国男研究会編著『柳田国男伝』三一書房、一九八八年
柳田国男『遠野物語　新装版』大和書房、二〇一〇年
柳田国男「幽冥談」『新古文林』明治三十八年九月
山田宗睦「柳田国男」『人物昭和史　六』筑摩書房、一九七九年
山本健吉「柳田国男と日本民俗学」『近代日本を創った百人（下）』毎日新聞社、一九六六年

●本書は二〇一一年十一月に新人物往来社より発刊された『日本人はなぜ妖怪を畏れるのか』を改訂したものです。
●本文・引用文の一部は、原文を新漢字・新かなづかいに改め、一部の漢字をひらがなに直しました。

あとがき

私の研究生活には二人の恩師がいる。宗教社会学者で東洋大学社会学部教授の高木宏夫先生と、真宗大谷派（東本願寺）の宗務総長の訓覇信雄師である。高木先生には大学入学直後から指導を受けた。先生の指導は上からするものではなく、「対話」ですべて進められた。これによって、自分で私は考えることができるようになった。先生は常に、理論で割り切るよりも、現実から理論を構成することを求められた。私を井上円了研究に誘ってくださったのも先生である。先生は私たち（東洋大学の関係者）の井上円了研究を主導しながら研究組織を牽引されて、その基礎をつくった。私は先生の部会で事務と研究を担当して、さまざまな経験と技術を学んだ。

訓覇師は、井上円了や清沢満之以来からはじまる真宗の近代化を受け止めて、自らの信仰運動の経験をもち、新しい真宗の信仰を歴史的なものと位置付けて、「同朋会運動」という教団の信仰運動を提唱して、戦後の既成仏教教団に大きな問題を提起した。高木先生と訓覇師はともに信仰運動の問題を、いつも語り合っていた。私は高木先生の随行として、お二人の側にいて、「人間や信仰とはなにか」「時代や社会とはなにか」「世界情勢はどうなるのか」などという議論を拝聴して多くを学んだ。とくに訓覇師は真宗の信仰者であり、その「ものの見方・考え方」を直接学んだことは、私の井上円了研究に大いに役立った。

さらに、高木先生は真宗大谷派の教団の要請を受けて、教勢調査に私を誘ってくれた。この調査は国勢調査と同じく教団の全数を対象とするものである。個人で全国調査を経験することはまれにしかない。私はこの教勢調査で真宗大谷派を歴史的・構造的に理解することができた。また、多くの僧侶や門徒とも接し、一ヶ寺の構造と意識を理解することもできた。これらは、これまでの井上円了研究に欠けていたもので、井上円了の生涯を内的に理解するには本来的に必要不可欠なものであった。

このようにして、私は井上円了の研究者になったのである。高木宏夫先生と訓覇信雄師はすでに故人となられた。ここで改めて感謝の意を表したい。

最後に、最近の井上円了研究についての動向を紹介しておきたい。

文部科学省は、平成二十三年（二〇一一）の私立大学戦略的研究基盤形成支援事業として、東洋大学の「国際哲学研究センター」を採択した。これを受けて、東洋大学では同年七月に同センターを設立し、その研究分野の一つに「井上円了研究」を設けた。

その後、同センターの中に、「国際井上円了学会」が平成二十四年（二〇一二）に設立された。この学会には、国内外から百名以上の人々が参加している。活動ははじまったばかりであるが、すでにフランスやアメリカで研究集会を開催し、学術大会を含めて、これまでみられなかった国際的な視野からの井上円了研究がはじまった。その成果は『国際井上円了研究』で公開されている（WEB版で日本語と英語で刊行されている）。

また、これと並行するように、東アジアの中国、韓国、台湾の各国からの井上円了研究が報告されるようになった。これらの国々が近代化を目指すにあたって、そのモデルになったのが当時の日本であり、その日本の近代化で歴史的な役割を果たしていた井上円了の理論（思想）が、東アジアの国々に大きな影響を与えていたというのである。

本書で取り上げた井上円了の「妖怪学」も、日本だけでなく国際的に、新しい視点から注目を集めている。今後の研究の発展が期待されるものである。

今回の改訂版の発刊にあたり、お世話になった方がいる。デザイナーの蟹江征治先生には二十年来のご指導をいただいてきた。また、教育評論社の久保木健治氏には編集をご担当していただいた。心から御礼申し上げたい。

平成二十五年六月

三浦節夫

〈著者略歴〉
三浦節夫（みうら・せつお）
1952年生まれ
東洋大学大学院博士後期課程終了。東洋大学ライフデザイン学部教授・井上円了記念学術センター研究員。専門は宗教社会学、井上円了研究、東洋大学史。
おもな著書に『日本人はなぜ妖怪を畏れるのか』『井上円了の教育理念』『ショートヒストリー東洋大学』（共著）『井上円了関係文献年表』

井上円了と柳田国男の妖怪学

2013年7月1日　初版第1刷発行

著　者　三浦節夫
発行者　阿部黄瀬
発行所　株式会社 教育評論社
〒103-0001
東京都中央区日本橋小伝馬町 12-5 YSビル
TEL 03-3664-5851
FAX 03-3664-5816
http://www.kyohyo.co.jp
印刷製本　壮光舎印刷株式会社

ISBN 978-4-905706-77-9　C0039